Hello,

fragt man mich nach meinem Lieblingsreiseland, lautet die Antwort schon seit Jahren: Namibia. Die unendliche Weite der Wüste, einzigartige Tiererlebnisse, die Freundlichkeit der Menschen und dazu die grandiosen Lodges haben es mir angetan.

DIE EXOTIK AFRIKAS …

Die Begeisterung für das Land teile ich mit dem Autor Fabian von Poser, der schon als Kind von Namibia träumte, und mit dem Fotografen Tom Schulze. Eines seiner Highlight-Erlebnisse war die Fahrt mit dem Ballon über die höchsten Dünen der Welt. Dabei sind einzigartige Bilder entstanden (s. S. 34 ff). Das traumhafte Gefühl, über die Wüste zu schweben, können Sie auch selbst ausprobieren (S. 49). Ähnlich eindrucksvoll ist eine Safari mit einem Elektroboot. Sie führt über den Kwando-Fluss zu einer nachhaltig betriebenen Lodge, in der ausschließlich Einheimische arbeiten. Fabian von Poser stellt die Safari auf S. 69 in der Rubrik „Ja natürlich" vor.

… UND DEUTSCH INSPIRIERTE LEBENSART

Eine tolle Art das Land zu bereisen, ist die Tour mit dem eigenen Mietwagen und der Übernachtung auf Gästefarmen. Viele der Farmer sprechen Deutsch und organisieren auch Wanderungen, Rundfahrten oder Ausritte. Die besten Adressen verrät Fabian von Poser auf S. 26 f.

Herzlich

Ihre

Birgit Borowski

Birgit Borowski
Redaktion DuMont Bildatlas

Seit 1997 arbeitet Fabian von Poser als Journalist und freier Autor. Einer seiner Schwerpunkte ist das südliche Afrika. Mehr als 30 Reisen führten ihn bereits nach Namibia.

Von Leipzig aus startet Tom Schulze zu Fotorecherchereisen in die ganze Welt. Für diesen Band war er mehrere Monate in Namibia unterwegs – und das mit wachsender Begeisterung.

32
Spektakulär sind die gewaltigen Dünen rund um das Sossusvlei.

94

Seit Hunderten von Jahren leben die Himba im Norden Namibias.

42
Namibia hat den Naturschutz in seiner Verfassung als Staatsziel festgeschrieben.

Impressionen

8 Archaische Wüstenszenerien vor schroffer Atlantikküste, eine faszinierende Tierwelt mit den viel gerühmten Big (und den weniger bekannten Little) Five, Kunst und Kultur vom Feinsten sowie, nicht zuletzt, traumhaft schöne Lodges.

Windhoek und Zentrum

20 **EIN GUTER START**
Hinter den Fassaden der Hauptstadt trifft der Besucher auf eine junge Stadt, die sich mit riesigen Schritten in Richtung Zukunft bewegt.

ZUR SACHE
26 **WILLKOMMEN IN NAMIBIA**
Gästefarmen vermitteln ein Stück Heimat mitten in Afrika.

28 **STRASSENKARTE | INFOS | JA NATÜRLICH**

Namib Naukluft Park

32 **SAND IN SICHT!**
Das glühend heiße Sandmeer der Namib gibt Namibias größtem Nationalpark sein Gesicht.

ZUR SACHE
42 **VATER STAAT FÜR MUTTER NATUR**
Ökotourismus in Namibia ist gut für das Land wie für die Reisenden.

46 **STRASSENKARTE | INFOS | JA NATÜRLICH**

Unsere Favoriten

18 **Kino vor der Kamera**
Namibia hat eine schier unglaubliche Tiervielfalt zu bieten.

78 **Panorama-Lodges**
Spektakulär: die vielen Unterkünfte an fantastischen Orten.

112 **Für Groß und Klein**
Problemlos möglich: mit der Familie nach Namibia reisen.

Etosha und Norden

50 **TIERISCHE AUSSICHTEN**
Die größten Tierparadiese in Namibia sind der Etosha-Nationalpark und der tropisch-feuchte Caprivi-Zipfel.

ZUR SACHE
62 **NATURSCHUTZ OHNE GRENZEN**
Der grenzübergreifende KAZA-Park ist der zweitgrößte Nationalpark der Erde.

66 **STRASSENKARTE | INFOS | JA NATÜRLICH**

Swakopmund/Umgebung

70 **NAMIBIAS SOMMERFRISCHE**
Kilometerlange Sandstrände wie auf Rügen, wilhelminische Prachtbauten wie in Berlin oder Potsdam ...

80 **STRASSENKARTE | INFOS | JA NATÜRLICH**

Skeleton Coast/Kaokoveld

84 **DIESSEITS VON AFRIKA**
Die Skelettküste ist einer der größten Schiffsfriedhöfe der Erde, das Kaokoveld noch weitgehend unberührt.

ZUR SACHE
94 **DIE LETZTEN IHRES VOLKES**
Die zur Sprachfamilie der Bantu gehörenden Himba gelten als letztes (halb)nomadisch lebendes Volk in Namibia.

98 **STRASSENKARTE | INFOS | JA NATÜRLICH**

Lüderitz und Süden

102 **DIAMANTENFIEBER**
Im Glutofen der Namib nahm einst der Diamantenrausch seinen Anfang.

114 **STRASSENKARTE | INFOS | JA NATÜRLICH**

Anhang

118 **HILFREICH & NÜTZLICH, REISEMARKT**
123 **REGISTER, IMPRESSUM**
124 **URLAUB ERINNERN**
126 **LIEFERBARE AUSGABEN**

Das Beste erleben

Berührend, aufregend und spannend sind unsere Ideen, die wir für Ihren Aufenthalt in Namibia zusammengetragen haben.

Großartige Natur

*** 1 ***

NAMIB NAUKLUFT PARK

Die bis zu 300 Meter hohen Dünen des Sossusvlei verschaffen Eindrücke, die man nie wieder vergisst.
Seite 47

*** 2 ***

SKELETON COAST NATIONAL PARK

Der Park ist alles andere als lieblich. Doch genau das macht seinen ganz besonderen Reiz aus.
Seite 100

*** 3 ***

KÖCHERBAUMWALD

Zwar gibt es in Namibia viele Orte, an denen die seltenen Bäume wachsen, doch keiner ist so schön wie dieser.
Seite 116

Voller Leben

*** 4 ***

ETOSHA-NATIONALPARK

An den Wasserlöchern des Parks beobachtet man eine faszinierende Tierwelt.
Seite 67

*** 5 ***

CAPRIVI-ZIPFEL

In den feuchten Sumpflandschaften äsen Büffel, Elefanten haben „Vorfahrt“, und in den Süßwasserpools sonnen sich Hippos und Krokodile.
Seite 68

*** 6 ***

TWYFELFONTEIN

Die Erkundung der Felsgravuren, die von der UNESCO als Erbe der Welt geschützt sind, führt in einen faszinierenden „Louvre der Wüste“.
Seite 99

Frischer Schwung

• 7 •

BRANDBERG

Namibias höchster Gipfel ist ein großartiges Wanderrevier und ein riesiges Freilichtmuseum mit beeindruckenden prähistorischen Felszeichnungen.

Seite 99

• 8 •

FISH RIVER CANYON

Der 161 Kilometer lange Fish River Canyon ist eines der größten Naturwunder des südlichen Afrika – und ein Trekkingparadies par excellence.

Seite 116

Städtischer Zauber

• 9 •

SWAKOPMUND

Jugendstil- und Barockfassaden in einer Stadt, die sich in den letzten Jahren deutlich gewandelt hat.

Seite 81

• 10 •

TSAU-||KHAEB-(SPERRGEBIET)-NATIONALPARK

In der Einsamkeit der Namib liegen rund 100 Jahre alte, teils völlig von Sand bedeckte Diamantenstädte.

Seite 116

JÄGER UND SAMMLER

Namibias Urbevölkerung, die auch als „Buschmänner" bekannten San, repräsentiert heute mit knapp zwei Prozent der Einwohner eine der kleinsten ethnischen Gruppen des Landes. Die meisten arbeiten auf Farmen, als touristische Fährtenleser oder als Führer von Wildniswanderungen, wie hier, gut hundert Kilometer nordwestlich von Windhoek.

NATUR PUR

In der Sprache der Herero, einer der zwölf wichtigsten Ethnien des Landes, heißt Epupa „fallendes Wasser". Und genau das macht das Wasser der Epupa-Fälle am Kunene-Fluss: nämlich fallen. Und zwar in eine rund vierzig Meter tiefe Schlucht.

FASZINATION TIERWELT

Wasser ist Leben – das wissen auch die Elefanten und der Springbock am Wasserloch Nebrowni im Etosha-Nationalpark. Dass Wasserlöcher in Namibia einen Namen haben, sagt schon einiges aus. Etosha bedeutet sinngemäß „der große weiße Platz". Und dieser Name erklärt sich vor Ort wirklich von selbst.

TRADITION UND ALLTAG

Bis heute haben sich viele der traditionell im Kaokoveld als Viehzüchter lebenden Himba ihre ursprüngliche Lebensweise bewahrt. Dazu gehört die traditionelle Reinigungszeremonie der Frauen, für die sie ein Feuer aus Ästen und aromatischen Kräutern entfachen. Im aufsteigenden Rauch löst sich die rote Paste auf ihrer Haut, mit der sie sich jeden Morgen neu einreiben – Schönheitsideal und Schutz vor der Sonne wie vor Insektenstichen gleichermaßen.

HAUS EBERLANZ

LICHT UND SCHATTEN

Die Sonne zaubert lange Schatten in die Straßen von Lüderitz. In den Anfangstagen der Fotografie glaubte mancher, mit dem Foto würde der Fotografierte seines Schattens beraubt und somit seiner Seele, seiner Identität.

Die besten Spots zur Tierbeobachtung

GROSSES KINO

Vom subtropischen Caprivi-Streifen und dem wildreichen Etosha-Nationalpark über die Dünen der Namib bis hin zu den fischreichen Gewässern an der Atlantikküste – Namibia hat eine schier unglaubliche Tiervielfalt zu bieten. Die besten Spots zur Tierbeobachtung finden Sie hier auf einen Blick.

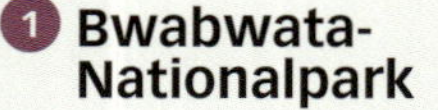

1 Bwabwata-Nationalpark

Im Überschwemmungsgebiet des Kwando-Flusses leben Elefantenherden von biblisch anmutender Größe, dazu Flusspferde, Krokodile, Büffel, Lechwe-, Sitatunga-, Pferde- und Rappenantilopen sowie Löwen, Hyänen und Leoparden. Mit etwas Glück begegnet man sogar dem seltenen Afrikanischen Wildhund. Von Sonnenauf- bis Sonnenuntergang geöffnet, Eintritt über das Tor an der B 8 bei Kongola.

Namibia Wildlife Resorts, Tel. 064 6 12 85 72 00, www.nwr.com.na

2 Etosha-Nationalpark

Rund um die 4760 Quadratkilometer große Etosha-Pfanne, die bei den Ovambo „großer weißer Platz" heißt, lebt alles, was in Namibias Tierwelt Rang und Namen hat: Elefanten, Nashörner, Giraffen, Springböcke, Zebras, Oryx-Antilopen, Gnus, Impalas, Löwen, Leoparden, Hyänen und Geparden sowie 340 Vogel- und 114 Reptilienarten. Um Nashörner zu beobachten, sind die Wasserstellen von Okaukuejo und Chudob bei Namutoni am besten geeignet. Löwen sieht man häufig an den Wasserstellen von Kalkheuvel und Salvadora, große Elefantenherden unter anderem an der Wasserstelle Goas.
Der Etosha-Nationalpark kann über die vier Tore Andersson Gate (Süden), Von Lindequist Gate (Osten), Galton Gate (Westen) und King Nehale Gate (Norden) erreicht werden und ist von Sonnenauf- bis Sonnenuntergang geöffnet.

Namibia Wildlife Resorts, Tel. 064 6 12 85 72 00, www.nwr.com.na

3 Waterberg Plateau Park

Mit 48 Kilometer Länge und 15 Kilometer Breite ist der Waterberg eine der markantesten Landmarken Namibias. Stars in der Manege sind hier die seltenen Breitmaul- und Spitzmaulnashörner. Insgesamt können 90 Säugetierarten und mehr als 200 Vogelarten beobachtet werden (die Abb. zeigt einen zur Familie der Prachtfinken gehörenden Buntastrild). Das Areal lässt sich auf mehreren Routen erkunden; zweimal am Tag gibt es Pirschfahrten mit den Park-Guides.

Namibia Wildlife Resorts, Tel. 064 6 12 85 72 00, www.nwr.com.na

8

4 Skeleton Coast National Park

Hier leben riesige Kolonien von Ohrenrobben, die von Schakalen und Hyänen belagert werden. Hauptattraktion sind die sagenumwobenen Wüstenelefanten und -löwen in den endlosen Weiten des Kaokovelds. Die Parktore im Süden (Ugabmund) und Osten (Springbokwater) haben nur bis 15.00 Uhr geöffnet. Wer nicht in einem Camp übernachten will, muss den Park bis 17.00 Uhr verlassen.

Namibia Wildlife Resorts, Tel. 064 6 12 85 72 00, www.nwr.com.na

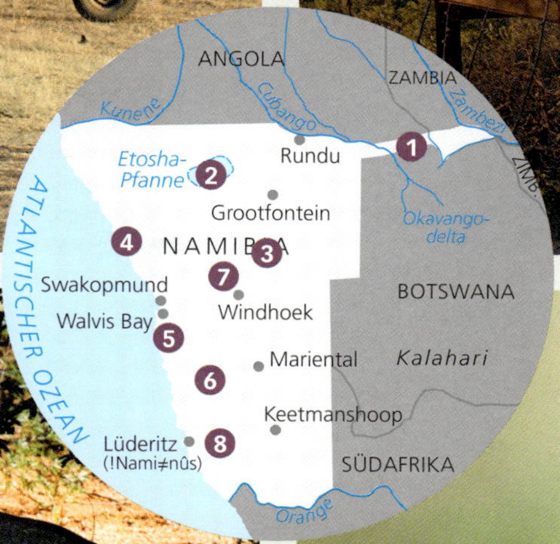

5 Sandwich Harbour

Südlich von Walvis Bay liegt eine zehn Kilometer lange Lagune, die durch die Ramsar-Konvention geschützt ist. In den seichten Gewässern von Sandwich Harbour halten sich je nach Jahreszeit bis zu 450 000 Tiere auf, darunter Zehntausende Flamingos, Pelikane, Kormorane und bis zu 170 000 Seeschwalben. Von Walvis Bay gelangt man nur in speziell geführten 4 x 4-Touren oder mit dem Kleinflugzeug hierher (nur tagsüber).

Sandwich Harbour 4 x 4,
Tel. 081 147 39 33,
www.sandwich-harbour.com

6 Namib Rand Nature Reserve

Mitte der 1980er-Jahre kaufte der Windhoeker Geschäftsmann Albi Brückner durch Jagd und Farmerei aus dem ökologischen Gleichgewicht gebrachte Farmen auf, ließ die Weidezäune niederreißen und siedelte heimisches Wild an. Heute leben hier Oryx-Antilopen, Springböcke, Hartmannsche Bergzebras, Giraffen, Leoparden, Hyänen und Löffelhunde. Keine Selbstfahrertouren möglich.

Wolwedans,
Tel. +27 21 876 21 53,
www.wolwedans.com

7 Erindi Game Reserve

Das mehr als 700 Quadratkilometer große Wildreservat zwei Autostunden nördlich von Windhoek ist eines der größten privaten Wildschutzgebiete im südlichen Afrika. Heute leben hier mehr als 10 000 Tiere, darunter Elefanten, Nashörner, Giraffen, Löwen, Hyänen, Wildhunde und 310 Vogelarten. Es werden geführte Wildbeobachtungsfahrten angeboten; auch Selbstfahrer können von Sonnenauf- bis Sonnenuntergang das Areal erkunden.

Erindi Game Reserve,
Tel. 083 330 11 11,
www.erindi.com

8 Namib-Wüste bei Aus

Seit mehr als 100 Jahren fristen die Pferde von Garub ein asketisches Dasein in der Namib. Die Herde setzt sich aus den Nachkommen von Tieren der deutschen Schutztruppe und versprengten Pferden der südafrikanischen Armee zusammen, die sich bei Aus im Ersten Weltkrieg heftige Gefechte lieferten. In dieser Zeit haben sich die Pferde bestens an die hiesigen Umweltbedingungen angepasst. In Dürreperioden wie 1992, 1998 und 2012 bis 2019 müssen die Tiere immer wieder zugefüttert werden. Weil durch den wachsenden Naturschutz seit der Unabhängigkeit auch Raubtiere Schutz genießen und nicht mehr von Farmern geschossen werden dürfen, werden viele Fohlen von Hyänen gefressen. Die Population schwankt deshalb zwischen knapp 100 und beinahe 300 Tieren. Derzeit sind es etwa 90. Die Pferde können an der Wasserstelle von Garub, 20 Kilometer westlich von Aus beobachtet werden (s. S. 107).

Namibia Wild Horses Foundation,
Tel. 063 25 80 21,
www.wild-horses-namibia.com

ERDINGER

Windhoek und Zentrum

*

EIN GUTER START

*

Kein Verkehrschaos, keine Hupkonzerte, keine Warteschlangen: Windhoek wirkt aufgeräumt und überschaubar. Hinter Fassaden von Fachwerkbauten und verglasten Hochhäusern trifft der Besucher auf eine junge Stadt, die sich mit riesigen Schritten in Richtung Zukunft bewegt …

„Joe's Beerhouse" ist Kult. Die urige Kneipe mit ihrem rustikalen Dekor bietet Eisbein ebenso wie Oryx-Steak – und häufig Livemusik.

Hochzeitsgesellschaft im Park vor dem „Tintenpalast", dem Sitz des namibischen Parlaments. Seinen Namen erhielt der lang gestreckte Verandenbau noch als Verwaltungssitz der Kolonialregierung, weil dort so viel Tinte verschrieben wurde.

Nacht in Windhoek: Von der Rooftop-Bar des Avani-Hotels schweift der Blick über die Independence Avenue und die Dächer der Stadt.

Hererofrauen in ihrer traditionellen Tracht im Park vor dem Tintenpalast.

Windhoek im Wandel: Neben der im Oktober 1910 eingeweihten Christuskirche der evangelisch-lutherischen Gemeinde steht das 2014 eröffnete Unabhängigkeitsmuseum.

WER AUF GLATTEM ASPHALT DIE SCHNELLSTRASSE ENTLANG DURCH DIE SAVANNE GESCHWEBT IST, DEM WIRD BEI DER ANKUNFT SOFORT KLAR: WINDHOEK IST KEINE AFRIKANISCHE KAPITALE WIE JEDE ANDERE.

So, jetzt kann es nicht mehr weit sein. Die Farmhäuser rücken näher aneinander, immer öfter blinzeln Windräder und Wasserbecken aus dem honiggelben Gras hervor. Schnurstracks laufen die Weidezäune geradeaus; wie mit dem Lineal gezogen flankieren sie die Straße. Ganze zwei Autos sind uns an diesem Sonntagmorgen auf der 45 Kilometer langen Fahrt vom Hosea Kutako International Airport nach Windhoek begegnet, sonst nichts außer Buschwerk und ein paar Pavianen am Straßenrand. Nach der vierzigminütigen Fahrt, die man gut und gern auch freihändig hätte bewältigen können, kommt die erste Kurve fast wie aus dem Nichts. Dann tauchen am Horizont auch schon die ersten Dächer von Namibias Hauptstadt auf.

ALLE STRASSEN FINDEN WINDHOEK

Die Ortseinfahrt erinnert eher an eine deutsche Kleinstadt. Einige flache Bauten, zwei, drei Tankstellen und jede Menge Geschäfte für Dinge, die man in dieser Gegend wirklich braucht: Farmzäune, Handwerksbedarf, Angelutensilien. Sauber und geordnet läuft das Leben auf den Straßen ab, auf dem Sam Nujoma Drive wie der Nelson Mandela Avenue. Selbst auf der Independence Avenue, der in kaum fünf Minuten vom Stadtrand erreichten Hauptschlagader Windhoeks, gibt es selten Staus, Hupkonzerte, Warteschlangen.

Für viele Besucher ist Windhoek nicht viel mehr als ein Start- und Landepunkt; meist bleiben sie nur eine Nacht am Anfang und am Ende ihrer Safari. Dabei hat die Hauptstadt viel mehr verdient als nur eine kurze Stippvisite. In den 1960er- und 1970er-Jahren, noch unter südafrikanischer Besatzung, fielen zahlreiche historische Gebäude der Modernisierung zum Opfer. Deshalb gibt es mittlerweile auch hier schicke Shopping Center mit spiegelnden Glasfassaden, die Post Street Mall etwa oder die Maerua Mall.

Eines der größten Neubauprojekte im Zentrum ist die viele Millionen Namibia-Dollar schwere Wohn- und Geschäftsimmobilie „Freedom Plaza“ auf dem alten Parkplatz an der Independence Avenue. Mit dem Gebäudekomplex, zu dem neben dem Hauptsitz der First National Bank und dem im Frühjahr 2024 eröffneten Hotel „Hilton Garden Inn“ viele neue Büro- und Geschäftsanlagen sowie exklusive Wohnungen gehören, will die Stadtverwaltung noch mehr Fußgänger und Kaufkraft in die Stadt locken. Nur wenige Meter davon entfernt steht zwischen Christuskirche und Alter Feste das umstrittenste Neubauprojekt Windhoeks: das Unabhängigkeitsmuseum, für

Mickey Mouse als (Ober-)Lehrer und Superman am Barbecue: Orientierung ist geboten in einer Stadt, in der dem Máximo Lider der kubanischen Revolution ebenso eine Straße gewidmet wurde wie ehemals dem ersten deutschen Reichskanzler (die Bismarck Street heißt mittlerweile Simeon Shixungileni Street). Auch nach dem Ende der Apartheid leben Schwarz und Weiß in Windhoek immer noch voneinander getrennt – die Schwarzen in den gesichtslosen Vorstadtsiedlungen Katutura und Khomasdal, die Weißen (meist hinter hohen Mauern und Stacheldraht verschanzt) in den nicht minder gesichtslosen Villenvierteln Klein-Windhoek und Ludwigsdorf.

Reggae auf einer Bühne in Windhoek

Straßenszene in Katutura

Special

Die namibische Landfrage

Ein schwelender Konflikt

Als Namibia im Jahr 1990 unabhängig wurde, war man sich einig: Nach und nach sollte den weißen Farmern das landwirtschaftlich nutzbare Land entzogen und den Schwarzen zurückgegeben werden. Dreieinhalb Jahrzehnte später streitet man sich immer noch über die Modalitäten.

Miteinander ist besser als gegeneinander.

Zunächst sollte die Umverteilung quasi freiwillig vonstatten gehen, nach dem Prinzip „williger Verkäufer und williger Käufer“, wobei der Staat ein Vorkaufsrecht geltend machen kann. Später deutete man an, dass die Umverteilung mittels Enteignung „beschleunigt“ werden könnte. Als in Simbabwe Anfang der 2000er-Jahre beinahe über Nacht Hunderte Farmbesitzer vertrieben und ihre Farmen beschlagnahmt wurden, hörte man auch in Namibia populistische Stimmen, die einen ähnlichen Kurs befürworteten. Dennoch – oder gerade wegen der desaströsen Erfahrungen im Nachbarland – halten Experten eine gewaltsame Entwicklung für nicht sehr wahrscheinlich. Netumbo Nandi-Ndaitwah, die dem 2024 verstorbenen Hage Geingob als Präsidentin nachfolgte, schlägt in der Landfrage ebenso moderate Töne wie ihr Vorgänger an. Deren Lösung aber bleibt eine Bewährungsprobe.

Während es schwarzen Farmern vielfach an Erfahrung und Know-how fehlt (auch ein Erbe des Apartheidsystems), hält die Gefahr einer Enteignung weiße Farmer davon ab, ihre Betriebe weiter auszubauen. Ohnehin sind insgesamt nur 42 Prozent der Fläche Namibias landwirtschaftlich nutzbar – es regnet zu selten.

das das alte deutsche Monument des Reiters von Südwest in den Innenhof der Alten Feste umziehen musste. Kritiker monieren nicht nur die pompöse Architektur des golden leuchtenden Gebäudes und die martialischen Metaphern aus dem Unabhängigkeitskampf in den Ausstellungsräumen, sondern auch dass statt namibischer Architekten eine nordkoreanische Firma mit dem Bau beauftragt wurde. Auch außerhalb des Zentrums entwickelt sich die Hauptstadt rasant. Überall sprießen Galerien wie Pilze aus dem Boden, in denen junge afrikanische Künstler Bilder und Schmuck verkaufen. Überall gibt es kleine Bars und Internetcafés, fast an jeder Ecke werden neue hübsche „Places to stay“ eröffnet.

BALD SCHON BEGINNT EIN NEUER TAG

Tagsüber strahlt die Kapitale fröhlich blau wie der Himmel fast an 365 Tagen über der Stadt. Abends aber, wenn die Dunkelheit das Leben aus den Straßen spült, wenn die Geschäfte zumachen und die Farmer sich auf ihre Landgüter zurückziehen, sind die Straßen der Innenstadt oft wie leer gefegt, sieht man nur noch die Nachtwächter im gelben Licht der Straßenlaternen ihre Bahnen ziehen. Dann fühlt man sich ein bisschen wie am Ende einer Safari – wenn man nach dem obligaten Sundowner erschöpft ins Bett sinkt, um mit den ersten Sonnenstrahlen wieder wach zu sein. Denn bald schon beginnt ein neuer Tag.

Gästefarmen

WILLKOMMEN IN NAMIBIA!

Gästefarmen vermitteln ein Stück Heimat mitten in Afrika, deutsche Gastfreundschaft inklusive. Einige von ihnen sind so groß wie die deutschen Stadtstaaten Hamburg oder Bremen, andere heißen auch so.

Zum Farmalltag auf der Tivoli Southern Sky Guest Farm gehören Kontrollfahrten zu den Rinder- und Schafherden.

Gästefarmen sind eine deutlich günstigere Alternative zu den oft sehr teuren Lodges. Im Unterschied dazu leben die Inhaber der Gästefarmen meist noch von der Viehzucht oder von der Jagd. Früher war das Beherbergen von Gästen für sie nur ein netter Nebenverdienst, heute hat sich die Zimmervermietung zu einem einträglichen Geschäft entwickelt. Dass viele Farmer Deutsch sprechen, erleichtert das Kennenlernen. Neben Unterkunft und Verpflegung bieten die Gastgeber oft auch Rundfahrten, Grillabende, Wanderungen und Ausritte an. Abends isst man mit ihnen zusammen im Speisesaal, oder der Gastgeber kommt zum Sundowner auf ein Bier vorbei. Die meisten Gästefarmen findet man im klassischen Farmland in Zentral- und Südnamibia. Oft weist nur ein kleines Schild darauf hin. Wer eine Unterkunft mit Familienanschluss sucht, sollte also die Augen offen halten.

Johann Vaatz ist der stolze Betreiber der Düsternbrook Guest Farm.

WILDBEOBACHTUNGSFAHRTEN

Eines der traditionsreichsten, auf eine stattliche Größe angewachsenen Häuser ist die Düsternbrook-Gästefarm etwa 50 Kilometer nördlich von Windhoek. Spezialität des Hauses sind die Wildbeobachtungsfahrten zu den Geparden und Leoparden des privaten Wildparks der Farm. Außerdem lassen sich auf der Farm Giraffen, Flusspferde und Antilopen beobachten. Das aus Naturstein gebaute Haus aus der Siedlerzeit verfügt über einen Swimmingpool; im Restaurant werden selbst gebackenes Brot und Farmprodukte serviert.

Sehr traditionsreich ist auch die Immenhof Jagd- und Gästefarm der Familie von Seydlitz bei Omaruru, etwa auf der Hälfte des Weges von Windhoek nach Etosha. Hier werden Wildbeobachtungsfahrten, Farm- und Bird-Watching-Touren sowie Naturwanderungen und Ausritte angeboten. Übernachten kann man in neun geräumigen Zimmern.

Zu den schönsten Gästefarmen Namibias gehört die Guestfarm Ghaub bei Grootfontein. Sie eignet sich auch ideal als Zwischenstopp auf dem Weg in den Etosha-Nationalpark. Das Hauptgebäude der im Jahr 1895 gegründeten ehemaligen Missionsstation der Rheinischen Mission liegt eingebettet zwischen Palmen und grünen Wiesen. Die zwölf Zimmer sind modern und komfortabel eingerichtet. Der Farmbetrieb ist noch intakt: Auf Ghaub werden Rinder gehalten, Bullen gezüchtet und Mais angebaut. Geführte Touren geben Einblicke in das namibische Farmleben. Hauptattraktion ist neben den Giraffen und Nashörnern unzweifelhaft die Ghaub Cave. Im Jahr 1914 entdeckt, ist die 38 Meter tiefe und zweieinhalb Kilometer lange Höhle die drittgrößte in ganz Namibia. Mit Helmen und Stirnlampen ausgestattet, führen die Gastgeber während der rund dreistündigen Touren in eine surreal wirkende Welt aus Stalaktiten und Stalagmiten.

IM „OUTPOST“

Perfekt als Startpunkt für Fahrten nach Sossusvlei und in den Namib-Naukluft-Park ist die Gästefarm Ababis, 250 Kilometer südwestlich von Windhoek. Von den acht gemütlichen Zimmern im Selbstversorgerhaus hat man einen tollen Blick über das Farmgelände. Es gibt auch einen Campingplatz und den zehn Kilometer von der Farm entfernten „Outpost“ mit drei Wohneinheiten und 16 Betten.

Gastliche Adressen

Düsternbrook Guest Farm, Tel. 081 864 30 00, www.duesternbrook.net
Guestfarm Ghaub, Tel. 064 67 24 01 88, https://ghaub-namibia.com
Gästefarm Ababis, Tel. 063 29 33 62, www.ababis-gaestefarm.de
Immenhof Jagd- und Gästefarm, Tel. 081 12 77 72 43, www.immenhofnamibia.com

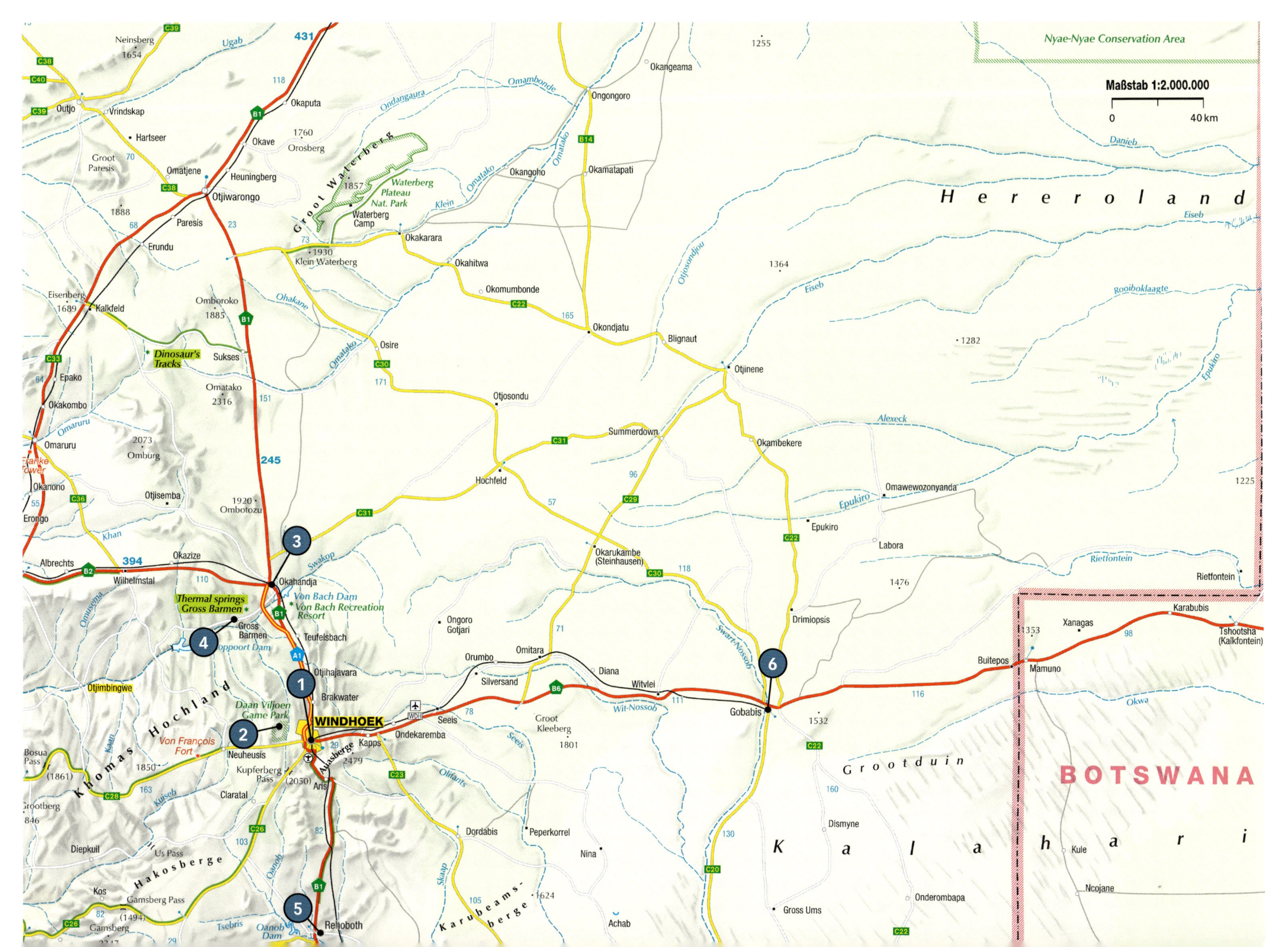

Nyae-Nyae Conservation Area
Maßstab 1:2.000.000
0
40 km
Hereroland
BOTSWANA
Kalahari
Grootduin
WINDHOEK
Okahandja
Otjiwarongo
Gobabis
Rehoboth
Omaruru
Kalkfeld
Outjo
Okakarara
Waterberg Plateau Nat. Park
Waterberg Camp
Groot Waterberg
Von Bach Dam
Von Bach Recreation Resort
Thermal springs Gross Barmen
Daan Viljoen Game Park
Von François Fort
Dinosaur's Tracks
Khomas Hochland
Hakosberge
Karubeamsberge
Buitepos
Mamuno
Seeis
Witvlei
Summerdown
Hochfeld
Okondjatu
Otjinene
Epukiro
Drimiopsis
Okarukambe (Steinhausen)
Wilhelmstal
Okazize
Otjimbingwe
Ongongoro
Okamatapati
Blignaut
Okambekere
Omawewozonyanda
Labora
Dordabis
Omitara
Silversand
Orumbo
Kapps
Ondekaremba
Brakwater
Otjihajavara
Teufelsbach
Gross Barmen
Neuheusis
Kupferberg Pass
Claratal
Aris
Auasberge
Gamsberg Pass
Us Pass
Karabubis
Tshootsha (Kalkfontein)
Xanagas
Kule
Ncojane
Rietfontein
Onderombapa
Dismyne
Gross Ums
Nina
Achab
Peperkorrel
Groot Kleeberg
Diana
Ongoro Gotjari
Otjosondu
Okomumbonde
Okahitwa
Okangoho
Okangeama
Osire
Klein Waterberg
Paresis
Erundu
Omatjene
Hartseer
Vrindskap
Neinsberg
Okaputa
Okave
Heuningberg
Orosberg
Omboroko
Sukses
Omatako
Ombotozu
Omburg
Otjisemba
Epako
Okakombo
Eisenberg
Groot Paresis
Erongo
Okarono
Albrechts
Diepkuil
Kos
Gamsberg
Bosua Pass
Franke Tower
Eiseb
Epukiro
Rooiboklaagte
Otjosondjou
Alexeck
Swart-Nossob
Wit-Nossob
Seeis
Olifants
Skaap
Oanob
Oanob Dam
Tsebris
Kuiseb
Khan
Omusema
Omaruru
Omatako
Omambonde
Ondangaura
Klein
Ohakane
Swakop
Okwa
Danieb
Ugab
1
2
3
4
5
6

DAS TOR ZU NAMIBIA

Die namibische Hauptstadt – Regierungssitz, Wirtschafts- und Kulturzentrum sowie die einzige Universitätsstadt des Landes – ist wegen ihrer zentralen Lage der ideale Ausgangspunkt für Reisen in alle Landesteile. Alle Straßen führen sternförmig von Windhoek weg und wieder dorthin.

1 Windhoek

Die namibische Hauptstadt liegt auf etwa 1600 m Höhe im Khomas-Hochland am Fuße der Eros- und Auas-Berge. Der Name Windhoek bedeutet so viel wie „windige Ecke". Windhoek ist nicht nur der Regierungssitz Namibias, sondern auch das wirtschaftliche und kulturelle Zentrum des Landes. Die Stadt hat heute offiziell 486 000 Einwohner, die tatsächliche Zahl dürfte aber wesentlich höher liegen. Die meisten Windhoeker wohnen in Vorstadtsiedlungen wie Khomasdal und in der wild wuchernden früheren Township Katutura.

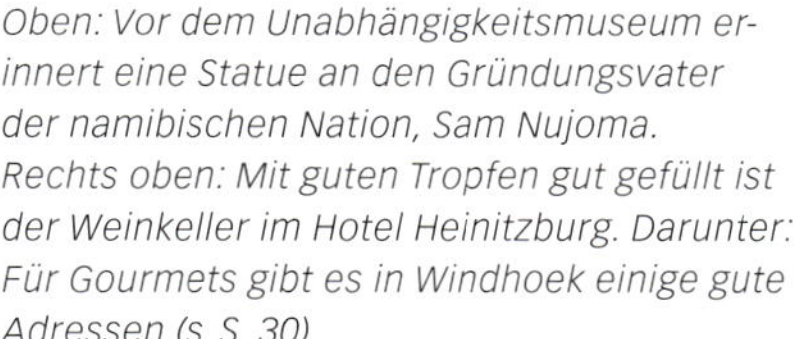

Oben: Vor dem Unabhängigkeitsmuseum erinnert eine Statue an den Gründungsvater der namibischen Nation, Sam Nujoma. Rechts oben: Mit guten Tropfen gut gefüllt ist der Weinkeller im Hotel Heinitzburg. Darunter: Für Gourmets gibt es in Windhoek einige gute Adressen (s. S. 30).

SEHENSWERT/MUSEEN

Das meiste Leben spielt sich auf der **Independence Avenue** ab, der ehem. Kaiserstraße. Dort liegen auch die wichtigsten Geschäfte und Sehenswürdigkeiten. Eines der größten Gebäude dort ist das 1990, im Jahr der Unabhängigkeit Namibias, errichtete **Sanlam Center,** in dem sich auch die deutsche Botschaft befindet. Gegenüber liegen die Fassaden des von Wilhelm Sander gebauten **Gathemann-Hauses**, des **Hotels Kronprinz** und des **Erkrath-Hauses.** Zum neuen urbanen Zentrum enwickelt sich die „Freedom Plaza" mit dem 2011 eröffneten Hilton-Hotel, dem Hauptsitz der First National Bank und dem „Hilton Garden Inn", Windhoeks zweitem Hilton-Hotel. Spaziert man auf der Independence Avenue in Richtung Norden, gelangt man zum 1960 von dem deutschen Bildhauer Fritz Behn geschaffenen **Kudu-Denkmal,** einem der Wahrzeichen der Stadt. Biegt man von dort links in die Bahnhofstraße ein, ist der Bahnhof nicht mehr weit: Hier erreichte 1902 der erste Zug aus Swakopmund die fortan aufstrebende Stadt.
Der Bahnhofstraße in östlicher Richtung folgend kommt man zur **Turnhalle,** in der 1975 die erste verfassunggebende Versammlung Namibias stattfand, die „Turnhallen-Konferenz". Nach ihr war die wichtigste Oppositionspartei benannt: Democratic Turnhallen Alliance (DTA). Heute nennt sie sich Popular Democratic Movement (PMD), und die Turnhalle ist ein öffentliches Konferenzzentrum. Vorbei an der **Nationalgalerie** in der Robert-Mugabe-Avenue gelangt man zum **State House,** dem Amtssitz des namibischen Präsidenten. Etwas weiter den Hügel hinauf ist der von dem Architekten Gottlieb Redecker entworfene, 1913 fertiggestellte **Tintenpalast** heute Sitz des namibischen Parlaments. Nur einen Steinwurf davon entfernt liegt die ebenfalls von Gottfried Redecker entworfene **Christuskirche:** Das evangelisch-lutherische Gotteshaus wurde bis 1910 im überwiegend neoromanischen Stil erbaut; nur der spitze Turm erinnert an die Gotik. Die Buntglasfenster im Altarraum stiftete Kaiser Wilhelm II., die Bibel auf dem Altar seine Frau Auguste. Bis 2009 stand zwischen Christuskirche und Alter Feste das berühmte Reiterdenkmal; dann aber wurde es verschoben, um an seinem Platz das neue **Unabhängigkeitsmuseum** zu errichten. Der futuristisch anmutende Bau ist aufgrund seiner optischen Präsenz zwar so etwas wie ein neues Wahrzeichen von Windhoek, aber aufgrund seiner pompösen Optik und der martialischen Darstellungen aus der Zeit des Unabhängigkeitskampfs umstritten. Das **Reiterdenkmal** selbst steht derzeit im Hof der Alten Feste. Von Adolf Kürle entworfen und am 27. Januar 1912, dem Geburtstag Kaiser Wilhelms II., enthüllt, erinnert es an die bei den Feldzügen gegen die Nama und Herero 1904–1907 gefallenen deutschen Soldaten. Die **Alte Feste** wurde ab 1890 als Hauptquartier der deutschen Schutztruppe unter Hauptmann Curt von François errichtet, um den Frieden zwischen den sich bekämpfenden Nama und Herero zu sichern; damals lag Windhoek genau zwischen den Gebieten der beiden verfeindeten Stämme. Derzeit ist die Alte Feste für Besucher geschlossen, ihre Sanierung für umgerechnet etwa 1,5 Mio. Euro ist aber beschlossene Sache. Das Gebäude soll 2025 wieder eröffnet werden und dann das **Namibia Craft Centre**, das sich bislang in der Tal Street befindet, samt einer Ausbildungswerkstatt für namibisches Kunsthandwerk, diverse Geschäfte, eine Kunstgalerie und ein kleines Restaurant beherbergen. Der Innenhof soll als Veranstaltungsort genutzt werden.
Von der Alten Feste kann man einen Abstecher zu den drei „Stadtburgen" **Schwerins-**, **Heinitz-** und **Sanderburg** machen, die alle drei 1913–1917 nach Plänen des deutschen Archi-

Tipp

Bedrohte Kultur

Wer sich für die Ureinwohner Namibias interessiert, der fährt ins Living Museum, das an der C 44 auf halber Strecke zwischen Grootfontein und Tsumkwe in dem kleinen Dorf Grashoek gelegen ist. Dort erklären die San, wie man in der Wüste überlebt. Auch Campingmöglichkeiten werden angeboten.

Ju/'Hoansi Living Museum, www.lcfn.info

tekten und Bauunternehmers Wilhelm Sander errichtet wurden.

VERANSTALTUNGEN

Zu den skurrilsten Erlebnissen einer Namibia-Reise zählt der Besuch des **Windhoeker Karnevals** Ende April, Anfang Mai.

UNTERKÜNFTE

Das €/€€ **Casa Blanca Boutique Hotel** ist eine Oase der Ruhe im geschäftigen Windhoek. Mit Architektur im spanischen Stil, ruhigem Garten und 15 geräumigen Zimmern bietet es alle Möglichkeiten für einen entspannten Aufenthalt. Dazu gibt es verschiedene Fitnesseinrichtungen, Restaurant, Bar und Pool (Fritsche Str. 52, Pioniers Park, Tel. 061 24 96 23, www.casablancahotel.com.na).

Die wunderschöne €/€€ **Pension Tenbergen** liegt nahe dem Zentrum in einem kleinen, mit einer Mauer gesicherten „Dorf". Die Zimmer sind modern eingerichtet und sauber, das Personal ist sehr freundlich. Leckeres Frühstück! (Lazarett Straße/Robert Mugabe Avenue, Tel. 081 2 57 68 07, https://tenbergenpensionhotel.com-namibia.com/de/).

Die Zimmer im €€ **Hotel Heinitzburg**, hoch über den Dächern von Windhoek gelegen, sind geräumig, elegant und stilvoll eingerichtet, verfügen über Klimaanlage, Telefon, Tresor, Minibar, TV und Musikanlage. Exzellente Küche in 4 Restaurants (22 Heinitzburg Street, Tel. 061 24 95 97, www.heinitzburg.com).

Der riesige Neubau des €€€ **Hilton Windhoek** mit 150 Zimmern liegt unmittelbar im Zentrum, an der Independence Avenue. Die mit traditionellem afrikanischem Dekor ausgestatteten Zimmer und Suiten verfügen über King-Size-Betten, TV, WLAN. Dazu gibt es einen beheizten Pool, Fitness-Center und Spa (Rev. Michael Scott St., Tel. 061 2 96 29 29, www.hilton.com).

Neben dem Hilton ist €€€ **The Olive Exclusive** derzeit das Nonplusultra des Windhoeker Beherbergungswesens. Das exklusive Hotel bietet nur 7 Suiten, die aber haben es in sich. Alle sind ruhig, geräumig und sehr komfortabel eingerichtet (22 Promenaden Street, Tel. 061 38 38 90, www.theolive-namibia.com).

RESTAURANTS

Das €€ **Craft Café** im zentral gelegenen Namibia Craft Centre ist idealer Ausgangspunkt für Innenstadttouren (40 Tal Street, Tel. 061 24 22 22, www.namibiacraftcentre.com).

Die River Bar und das Restaurant des €€ **Klein Windhoek Guesthouse** liegen schön an einem Flussbett im Stadtteil Klein-Windhoek. Große Auswahl an Fleisch-, Fisch- und Pastagerichten sowie Salate. Beste Pizza der Stadt (2 Hofmeyer Street, Tel. 061 23 94 01, www.kleinwindhoekguesthouse.com).

Im Hof von €/€€ **Leo's Garden Restaurant** sitzt man sehr nett. Die ausgezeichneten deutschen und namibischen Gerichte, die Leo Kurz und seine Frau Joelynn servieren, sind durchweg mit frischen Zutaten zubereitet (18 Lilliencron Street, The Village, Eros, Tel. 081 3 98 98 89, www.leos.com.na).

NAMIBIAS HAUPTSTADT LIEGT ZIEMLICH GENAU IN DER GEOGRAFISCHEN MITTE DES LANDES.

SHOPPING

Läden mit afrikanischer Kunst, Lebensmitteln und Kleidung gibt es in der **Post Street Mall.** Die reichhaltigste Verkaufsausstellung mit afrikanischer Kunst ist die **Bushman Art Gallery** gleich um die Ecke (187 Independence Avenue, Tel. 061 22 88 28, www.bushmanart-gallery.com).

INFORMATION

City of Windhoek, Independence Ave./ Ecke Sam Nujoma Dr., Tel. 061 2 90 37 77, www.windhoekcc.org.na, www.whatsonnamibia.com

2 Daan Viljoen Game Park

Seit den 1960er-Jahren ist der 24 km vor den Toren der Hauptstadt gelegene, knapp 40 km² große **Daan Viljoen Game Park** ein bei Windhoekern wie Touristen gleichermaßen beliebter Ausflugsort. Selbstfahrer können auf einem der 19 Stellplätze in der ersten Nacht nach der Ankunft ihre Ausrüstung ausprobieren. 19 komfortable Chalets gehören dazu (Buchung: Namibia Wildlife Resorts/NWR, Tel. 061 2 85 72 00, www.nwrnamibia.com/daan-viljoen-game-reserve.htm).

3 Okahandja

In dem lebhaften Städtchen ca. 75 km nördl. von Windhoek findet jeden August ein Ahnen-Gedenktag der Herero statt.

SEHENSWERT

Auf dem **Friedhof** der 1876 von Deutschen erbauten **Friedenskirche** finden sich noch zahlreiche Gräber von Soldaten der deutschen Schutztruppe. Auf der anderen Seite der Straße liegen Herero-Häuptlinge begraben und der Nama-Führer Jan Jonker Afrikaaner.

UNTERKÜNFTE

Die mit Grasdach ausgestatteten Chalets der €€ **Okapuka Safari Lodge**, ca. 30 km südl. von Okahandja, direkt an der B 1 nach Windhoek, sind in eine schöne Buschlandschaft eingebettet (Tel. 061 42 72 00, www.gondwana-collection.com).

Die Old Traders Lodge des zwischen Okahandja und Kalkfeld verorteten, 710 km² großen Wildreservats €€€ **Erindi Private Game Reserve** verfügt über 51 Suiten inkl. 5 Deluxe-Suiten mit Blick auf das Wasserloch, Schwimmbad, WLAN und Kinderspielzimmer. Hervorzuheben: die

Tipp

Rustikal

Nicht versäumen sollte man in Windhoek einen Besuch in **Joe's Beerhouse** mit seinem rustikalen Dekor. Das Restaurant bietet namibische und deutsche Speisen. Es eignet sich hervorragend, um die Safari stilvoll ausklingen zu lassen. Neben Bier gibt es zudem auch Jägermeister und andere hochprozentige Spezialitäten.

Tgl. ab 11.00 Uhr; 160 Nelson Mandela Avenue, Tel. 061 23 24 57, www.joesbeerhouse.com

sehr gute Küche und exzellente südafrikanische Weine (Tel. 083 330 11 11, www.erindi.com).

4 Gross-Barmen-Thermalquelle

Mehr als 60 °C heiß und mit ungeheurem Druck entspringt die Quelle von Gross-Barmen aus 2500 m Tiefe. Ihre Heilkräfte sind weit über die Landesgrenzen hinaus bekannt. Der Ort wurde 1844 als erste namibische Herero-Station gegründet.

5 Rehoboth

Die 1845 gegründete Stadt ist Heimat der „Rehobother Baster", wie die von weißen Buren und Nama-Frauen gebildeten Mischlingsfamilien *(baster* = „Bastard") genannt werden. Unter der südafrikanischen Besatzung mussten sie sich den Rassengesetzen beugen, hatten aber einige Sonderrechte und durften sich eine relativ eigenständige Verwaltung aufbauen.

MUSEUM
Das **Rehoboth Museum** im Old Postmasters House informiert über namibische Geschichte und die Rehobother Baster (www.museums.com.na/museums/south/rehoboth-museum; Mo.–Fr. 9.00–12.00, 14.00–16.00, Sa. 9.00 bis 12.00 Uhr).

UNTERKUNFT
Knapp 30 km vor Rehoboth erwartet die Besucher in dem 60 km² großen Naturreservat **€€€ Goche Ganas** der pure Luxus. Das hauseigene Wellness Village verfügt über Behandlungsräume mit modernsten Geräten, beheiztes Hallenbad, Open-Air-Swimmingpool, Grottensauna, Fitness- und Yogaeinrichtungen (Tel. 061 22 49 09, www.gocheganas.com).

6 Gobabis

Die ruhige Kleinstadt Gobabis im Osten Namibias, das Verwaltungszentrum der Omaheke-Region, ist die einzige größere Ansiedlung in der menschenleeren Region am Rand der Kalahari. Rund um die Stadt liegen die meisten Viehfarmen Namibias, weswegen die Gegend auch *cattle country* genannt wird. Eine gern besuchte Attraktion bei Gobabis ist die 90 km nördl. gelegene **Harnas Wildlife Foundation Guestfarm**, Heimat für verletzte oder verwaiste Löwen, Leoparden, Geparde, Wildhunde und viele andere Tiere, die dort aus der Nähe beobachtet werden können (Tel. 062 56 88 28, www.harnas.org).

UNTERKUNFT
Die 4000 ha große Farm **€€ Kalahari Bush Breaks** liegt 85 km östl. von Gobabis. Die Lodge bietet schön eingerichtete Chalets und 10 Stellplätze (Tel. 081 1 43 50 48, www.kalahari bushbreaks.net).

AM RAND DER STADT

Katutura, das ärmste Viertel Windhoeks, ist zum Touristenziel geworden. Eine Townshiptour in die Schwarzensiedlung führt zu den Wurzeln der Apartheid in Namibia und zeigt eindrucksvoll, wie sich die Bevölkerung heute selbst hilft auf dem Weg in eine bessere Zukunft.

„Are you from Germany?" Der kleine Samuel ist außer sich vor Freude, hier Fremde zu treffen, mitten auf dem Markt von Katutura. Nicht oft, aber immer öfter verirren sich Touristen in die einstige Township. Der Name Katutura, der sinngemäß „der Ort, an dem wir nicht bleiben können" bedeutet, sagt schon vieles über die Wellblechsiedlung am Rand der Stadt aus. Offiziell hat die 1959 von der südafrikanischen Besatzungsmacht für die schwarze Bevölkerung eingerichtete Township nur 48 000 Einwohner, aber niemand weiß, wie viele es wirklich sind. Jeden Tag kommen neue Landflüchtlinge hinzu, auf der Suche nach Arbeit.

Dass sich die Lebensbedingungen dennoch verbessert haben, hat auch damit zu tun, dass sich viele der Einwohner heute selbst helfen. So entstanden in den vergangenen Jahren zahlreiche

Näherin im Projekt Penduka, Selbsthilfe im Township Katutura bei Windhoek

Selbsthilfeeinrichtungen wie das Frauenprojekt Penduka, das auf allen Touren besucht wird. Hier werden Frauen zu Kunsthandwerkerinnen und Näherinnen ausgebildet – etliche Hundert in den vergangenen Jahren. „Viele von ihnen sind mittlerweile sehr erfolgreich, haben ihr eigenes Geschäft und verdienen ihr eigenes Geld", sagt Abind, unser Führer. Neben Schauräumen, einem kleinen Laden, in dem die Produkte verkauft werden, und einem schönen Restaurant mit Blick auf den Goreangab-Stausee verfügt Penduka auch über einfache Unterkünfte und einen Campingplatz.

Touren nach Katutura: Buchung z. B. über Bwana Tucke-Tucke, Coetzeestreet 28, Tel. 061 23 96 02, www.bwana.de

Auskünfte zum Penduka-Frauenprojekt:
Tel. 081 2 07 99 11, www.penduka.com (inkl. Webshop)

Namib Naukluft Park

*

SAND IN SICHT!

*

Das glühend heiße Sandmeer der Namib gibt Namibias größtem Nationalpark sein Gesicht. Es ist eine archaisch anmutende Landschaft mit einer Tierwelt, die weltweit ihresgleichen sucht. Der Namib Naukluft Park ist nur an wenigen Stellen für Besucher zugänglich; einer der spektakulärsten Orte ist das Sossusvlei.

So weit die Füße tragen: Die Zentralnamib im Morgenlicht, wenn die Sonne die Dünen in zwei Hälften teilt, eine goldgelbe und eine dunkle.

Wohin der Wind weht: Eine Fahrt mit dem Heißluftballon über das seit 2013 als Welterbe der UNESCO geschützte Sandmeer der Namib und ihre mächtigen Dünen rund um das Sossusvlei ist ein Abenteuer mit ungewissem Ausgang. „Wo wir landen, weiß nur der Wind", gibt man den Reisenden mit auf den Weg.

Kein Anblick kann diesen übertreffen: Wir stehen auf einer Düne mitten in der Namib. Um uns herum Tausende Quadratkilometer Einsamkeit, unter unseren Füßen nichts als Sand. Es ist sieben Uhr morgens, und die Sonne hängt wie eine Kupfermünze am Himmel.

Auf diesen Augenblick hat die Namib offenbar nur gewartet, um ihren Malkasten vor uns auszupacken: Wie ein zarter Schleier aus Seide umschmeicheln die ersten Lichtstrahlen die Sandberge in allen Rotschattierungen. Regungslos beobachtet uns eine Oryx-Antilope von einer Düne und lässt sich die wärmenden Strahlen auf das Fell scheinen. Zu dieser wundersamen Stunde, da das erste Licht des Tages die Wüste nicht aus der Senkrechten, sondern aus der Waagrechten beleuchtet, teilt die Sonne die Sandberge in zwei Hälften: eine goldgelbe und eine schwarze. Wie eine Schere zerschneidet sie die Kämme, wie ein Messer teilt sie die Scheitel.

BIG DADDY: DIE HÖCHSTE DÜNE

„Wunderschön, nicht wahr?", schwärmt Rambo, als wir barfuß im warmen Sand Big Daddy – die höchste Düne weit und breit – hinunterrutschen. Minuten später holpern wir auf der Ladefläche seines Pick-ups vom Deadvlei – jener ausgetrockneten Salzpfanne mit Dutzenden toter Bäume, die schon vielen Werbespots als Kulisse diente – hinüber zum Sossusvlei. Rambo ist eine resolute Gestalt, tiefschwarz, breite Schultern, Sonnenbrille, und bei der staatlichen Parkgesellschaft angestellt. Heute hat er sich vorgenommen, uns jenes lange Band zu zeigen, das sich von Lüderitz im Süden über mehr als 400 Kilometer bis nach Swakopmund im Norden erstreckt.

Namibias größter Nationalpark ist mit einer Fläche von knapp 50 000 Quadratkilometern größer als die Schweiz. Doch nur ein verschwindend kleiner Teil davon kann bereist werden. Der bekannteste der öffentlich zugänglichen Plätze ist das trockene Flussbett des Tsauchab

Wunder der Natur: Ganz oben ein Nest von Webervögeln, darunter eine Oryx-Antilope, die in Namibia „Gemsbock" genannt wird und ein Symbol für Ausdauer und Anpassung ist.
Rechts: Im Sesriem-Canyon des Tsauchab-Flusses

Farben und Formen der Wüste: Namibia ist ein Land wie kurz nach der Schöpfung.

»DIE SCHÖNSTE FREUDE ERLEBT MAN IMMER DA, WO MAN SIE AM WENIGSTEN ERWARTET HAT.«

Antoine de Saint-Exupéry

mit dem Sossusvlei als Höhepunkt jeder Namibia-Reise.

DIE WEITE SAUGT DIE ERINNERUNG AUF

Einen Vorgeschmack auf die Wüste bekommt man schon, wenn man, von Windhoek anreisend, vom namibischen Hochland hinunter zu den Dünen fährt. Die Zeit im Wagen verrinnt, ohne dass man etwas davon mitbekommt. Bereits nach ein paar Augenblicken weiß man nicht mehr, ob man eine, zwei oder vier Stunden unterwegs ist.

Die Strecke von Solitaire nach Sesriem am Eingang zum Namib Naukluft Park ist eine der schönsten des Landes. Der liebliche Übergang in geschwungenen Kurven von der Graslandschaft in die Wüste betört die Sinne. Nach einiger Zeit spürt man das Rattern des Wagens nicht mehr, die Gedanken fliegen: Hier eine Farm bauen, das wäre doch was. Andere haben genau das schon versucht. Einst war die Zucht von Karakulschafen am Rand der Namib ein gutes Geschäft. Doch mit dem Niedergang der Wollpreise in den 1970er-Jahren wurde es zunehmend unrentabel. Heute werden einige der ehemaligen Farmen für den Tourismus ausgebaut.

Rambos Toyota hat Mühe, sich die letzten Meter durch den tiefen Sand ins Sossusvlei zu fräsen, doch er schafft es. Dann stoppt unser Wagen unter Akazien.

Mit Schloss Duwisib erfüllte sich Hansheinrich von Wolf – ein im Jahr 1904 als Mitglied der Schutztruppe ins Land gekommener Spross einer sächsischen Adelsfamilie – einen Lebenstraum: sein „Farmhaus" als Burg in der Wüste.

Special

Mburumba Kerina

Namibias Namensgeber

Ein Mann in „seiner" Wüste: Ohne Mburumba Kerina hieße Namibia nicht Namibia.

Woher hat Namibia eigentlich seinen Namen? Von der Wüste Namib, antworten die meisten. Das stimmt auch, aber die Geschichte dahinter kennen nur wenige.

Zu verdanken hat das Land seinen Namen einem Mann namens Mburumba Kerina. Im Jahr 1932 in der namibischen Gemeinde Tsumeb geboren, ging er zu Beginn der 1960er-Jahre als Politikstudent nach Indonesien. Dort traf er den damaligen Präsidenten Achmed Sukarno. Als dieser ihn fragte, aus welchem Land er denn komme, antwortete Kerina: „Aus Süd-west-Afrika." Darauf erwiderte der indonesische Präsident (der erste nach der Unabhängigkeit von den Niederlanden): „Sklaven und Hunde bekommen ihren Namen von den Haltern. Freie Menschen geben sich selbst Namen." Der Präsident empfahl Kerina, sich einen Namen für sein Land zu überlegen und diesen den Vereinten Nationen vorzuschlagen. In einem Beitrag für ein indonesisches Magazin, den er 1965 verfasste, schlug Kerina vor, das Land im Falle der Unabhängigkeit „Republik Namib" zu nennen (*namib* bedeutet in der Sprache der Nama „Luftspiegelung" oder „große Fläche").

Zwar dauerte es noch 25 Jahre, bis das Land tatsächlich unabhängig wurde, aber Kerinas Name setzte sich durch – zuerst bei den Kämpfern der SWAPO, später auch bei den Vereinten Nationen. Im Jahr 1990 wurde das Land von „Südwest-Afrika" in „Namibia" umbenannt. Das Kuriose daran: Obwohl Kerina aus Namibia stammt, besuchte er bis zu seinem 83. Lebensjahr nie die Namib; die meiste Zeit seines Lebens verbrachte er im Ausland. Erst 2016, als ihn die Verantwortlichen der Gondwana Collection, eines der größten namibischen Tourismusunternehmen, in eine ihrer Lodges einluden, erlebte Mburumba Kerina „seine" Wüste das erste Mal hautnah. Namibias Namensgeber verstarb 2021 mit 89 Jahren.

Stille. Kein Mensch weit und breit. Von den Bäumen krächzen die Raben, in der Ferne ziehen ein paar Springböcke durch den Sand. Wir steigen auf die Dünen über der Salzpfanne und schreiten ein paar Hundert Meter in die Wüste. Mal erklimmen wir einen Sandberg und betrachten das Dünenmeer, mal stapfen wir minutenlang in beinahe andächtigem Schweigen über einen Dünengrat – die Musik der Wüste hat ihre eigene Melodie, aber jeder Ton wird sofort vom Sand verschluckt.

DIE ÄLTESTE WÜSTE DER WELT

Mit rund 80 Millionen Jahren ist die Namib die älteste Wüste der Erde, ein unwirtlicher Ort mit Tagestemperaturen von mehr als 55 Grad Celsius und Nachttemperaturen unter dem Gefrierpunkt. Doch die Wüste lebt. Eine Reihe von Tieren hat es geschafft, sich über Jahrmillionen an die extremen Verhältnisse anzupassen.

„Die wahren Geheimnisse verbirgt die Namib unter dem Sand, für das menschliche Auge kaum sichtbar", sagt Rambo, als wir über einen Grat spazieren. Da ist zum Beispiel der winzige Palmato-Gecko mit seiner fast durchsichtigen Haut. Mit seiner langen Zunge wischt er sich bei schlechter Sicht den Sand wie mit einem Scheibenwischer von den Augen. Oder die Radspinne: Bei Gefahr stürzt sie sich zusammengekauert von jedem noch so hohen Dünenkamm mit der Rotationsgeschwindigkeit eines Ferrarireifens bei 300 Stundenkilometern den Hang hinab und kommt oft erst nach hundert Metern am Fuß der Düne zum Stehen – eine ausgefeilte Technik, die jeden Angreifer zur Verzweiflung bringt.

Dass Tiere in der Namib überhaupt überleben können, verdanken sie ihrer Anpassungsfähigkeit – und dem Wind. Fast jede Nacht treibt er Nebelbänke, die sich über dem kühlen Benguela-Strom weit draußen auf dem Atlantik bilden, über die Dünen ins Landesinnere. Der Dunst dringt bis weit in die Wüste vor, manchmal bis zu 80 Kilometer. In vielen

„Der Mensch wird nur der Welt gewahr, die er schon in sich trägt", meinte einst Antoine de Saint-Exupéry, der in Sachen Wüste unbedingt und immer zurate gezogen werden sollte. Denn der Mann hat ja recht. Aber dass „die Welt" auch den Menschen trägt – und zwar in diesem Fall konkret eine der Dünen beim Sossusvlei eine ihrerseits (mindestens) die Welt umarmende Wüstenreisende –, ist ebenfalls wahr.

Millionen Jahren Evolutionsgeschichte haben einige Arten raffinierte Techniken entwickelt, um an die in der Luft schwebenden Wassertropfen zu gelangen. So auch der Nebeltrinker-Käfer *(Onymacris unguicularis)*: Frühmorgens stellt er sich am Kamm einer Düne auf seine Vorderbeine, um sich mit dem auf seinem Körper kondensierenden Küstennebel volllaufen zu lassen. Manchmal sieht man ihn auch, wie er in aller Herrgottsfrühe Nebelgräben anlegt: Die Seitenwände

WIE STRASSSTEINCHEN KLEBEN DIE STERNE AM HIMMEL. EINE ARCHAISCHE LANDSCHAFT, EIN ERHABENER MOMENT.

des Sandbaus werden so geschickt ausgerichtet, dass sich Wassertropfen daran absetzen. Der Käfer muss dann nur noch an der Mauer entlangkrabbeln und kann das abperlende Wasser quasi im Vorbeigehen trinken.

DIE BESTE ZEIT BEI EINER WÜSTENTOUR

Nach einem Tag im Namib Naukluft Park ist man verwöhnt von großartigen Landschaften, von Bildern in Zinnober, Bernstein und Rostrot. Doch die beste Zeit bei einer Wüstentour hat man, wenn alle Fotos gemacht sind und der Wunsch nach einem kühlen Bier größer ist als der, die spektakulären Eindrücke im Bild festzuhalten. Dabei können einem die freundlichen Bediensteten der Sossus Dune Lodge hilfreich sein, die abends auf der Terrasse hoch über der Namib im flackernden Licht der Petroleumlampen gekühlte Getränke servieren. Am Horizont versinkt die Sonne im Wüstensand, Minuten später steigt schon der Sichelmond hoch zum Firmament. Wie Strasssteinchen kleben die Sterne am Himmel. Eine archaische Landschaft, ein erhabener Moment – gekrönt von einem kühlen Bier.

Ökotourismus

VATER STAAT FÜR MUTTER NATUR

Namibia ist eines der ersten Länder der Erde, die den Naturschutz in ihrer Verfassung als Staatsziel festgeschrieben haben. Als Vorzeigeprojekt gilt Wolwedans im privaten Namib-Rand-Reservat, doch auch im übrigen Land setzen Unternehmen vermehrt auf nachhaltige Entwicklung – selbst die staatliche Parkgesellschaft.

Honiggelb mit einem Schuss Rosa leuchten die Dünen an diesem Morgen. Es ist sechs Uhr. Schicht für Schicht krabbeln die ersten Sonnenstrahlen die Sandberge hoch. Meine Zehenspitzen bewegen sich nach rechts und nach links, um den Blick freizugeben. Die Zeltwände sind hochgeklappt, die Nase ist noch feucht vom Morgentau. Im Morgengrauen hat man uns ein Tablett mit Kaffee und Tee vor die Tür unseres Wohnzelts gestellt. Jetzt steigt der Dampf aus der Thermoskanne wie ein Rauchsignal: Bitte aufstehen! Doch ich lasse mich erst mal zurück in die Daunendecke sinken und genieße den Ausblick.

Mitten in der Unermesslichkeit der Namib hat ein cleverer Geschäftsmann aus Windhoek seinen Traum verwirklicht: das Wolwedans Dune Camp im Namib-Rand-Reservat.

EIN BLICK ZURÜCK

Ich liege in einem der Chalets des Wolwedans Dune Camp im privaten Namib-Rand-Reservat. Bereits im Jahr 1984 kaufte der Geschäftsmann Albrecht (Albi) Brückner aus Windhoek hier erste Farmen auf, 1998 erreichte der Schutzpark durch den Zukauf weiterer Grundstücke seine heutige Größe. Doch Brückner kaufte die Farmen nicht zum Selbstzweck, sondern auch aus ökologischem Interesse. Der Clou dabei: Er wollte den Schutz der Natur ausschließlich mit Einnahmen aus dem Tourismus finanzieren. Ein solches Modell gab es damals in Namibia noch nicht. Brückner ließ Tausende Kilometer Weidezäune niederreißen, siedelte einheimisches Wild an und gab dem Land Zeit, sich von der Überweidung durch Schafe zu erholen. Schon diese Arbeit finanzierte er durch die Errichtung von luxuriösen Zeltunterkünften.

Heute hat die 1995 von Albi und seinem jüngsten Sohn Stephan gegründete Wolwedans Collection mit ihren fünf Camps eine strenge Satzung: Höchstens ein Gästebett pro 1000 Hektar Reservatsfläche, maximal 20 Betten pro Beherbergungseinheit. Damit die Dünen ungehindert wandern können, wurden sämtliche Unterkünfte auf Holzplattformen errichtet. Doch das ist längst nicht alles. Ein Großteil des Energiebedarfs auf Wolwedans wird mit Solar- und Photovoltaikanlagen generiert. Die Abwasser der Camps werden so gefiltert und aufbereitet, dass sie zur Bewässerung der eigenen Gemüse- und Kräuterbeete verwendet werden können. Nur

Nachhaltigen Tourismus und eine gute Ausbildung ihrer Angestellten machen sich inzwischen viele Tourismusunternehmen in Namibia zum Programm.

Stephan Brückner in seinem – ökologische Maßstäbe setzenden – Reich: „Alle unsere Camps können sofort abgebaut werden, sodass man hinterher nichts mehr von ihnen sieht."

zwei Fahrspuren führen zur Rezeption, wo der Fahrbetrieb für Privatwagen auch endet. Die Gäste bewegen sich ausschließlich mit den Fahrern der Lodge. Die Parkgebühr von derzeit etwa 74 Euro pro Person und Tag geht zu 100 Prozent in den Naturschutz. „Nachhaltigkeit ist kein Nebenaspekt von Wolwedans, sie ist unser Herz und unsere Seele und das, was wir sind", sagt Stephan Brückner.

UMWELTSCHUTZ ALS STAATSZIEL

Wolwedans steht wie kaum ein anderes Projekt für das wachsende ökologische Bewusstsein in Namibia. Doch auch andere große Firmen wie die omnipräsente Gondwana Collection mit rund 50 Camps und Lodges haben das Thema Nachhaltigkeit fest in ihren Satzungen verankert. Selbst die staatliche Parkgesellschaft Namibia Wildlife Resorts (NWR) setzt zunehmend auf nachhaltigen Tourismus. Und neben dem Schutz der Natur ist auch die Einbindung der lokalen Bevölkerung wichtig. Das gilt für fast alle Projekte der Regierung. Ein gutes Beispiel ist auch die Grootberg Lodge. Die wunderschöne Unterkunft gehört den in der Region ansässigen Damara. Das Projekt geht auf eine Initiative des Ministry of Environment, Forestry and Tourism (MEFT) zurück und ist das erste dieser Größenordnung, das von der lokalen Bevölkerung geführt wird (s. Kapitel Skeleton Coast).

ES GEHT UM GLÜCK

„Ein Problem in Namibia bleibt aber, dass wir aufgrund unserer Geschichte nur wenige Fachkräfte haben", sagt Stephan Brückner. „Die Berufsausbildung, die es in Deutschland schon seit sechzig Jahren gibt, existiert wegen der langjährigen Rassentrennung bei uns erst seit wenigen Jahren." Deshalb betreibt Brückner eine eigene Hotelfachschule, die Desert Academy, und beschäftigt ausschließlich namibische Mitarbeiter. „In unseren Unternehmen arbeiten etwa zwei Prozent Weiße, der Rest sind Farbige", sagt er. „Schon jetzt repräsentieren wir den Mix der namibischen Gesellschaft."

Und Brückner denkt weiter. Seine Vision für 2030 ist das Projekt Arid Eden („Wüstenparadies"). Die Philosophie dahinter: Menschen, Umweltschutz und Profit so austarieren, dass alle vom Tourismus profitieren. „Bei dem Projekt geht es hauptsächlich um Glück", erklärt Brückner. „Glückliche Gäste, glückliche Angestellte, glückliche Investoren – und eine gesunde, somit glückliche Natur."

Nachhaltigkeit im Blick

Die fünf Camps der Wolwedans Collection liegen im privaten Namib-Rand-Reservat, etwa eineinhalb Autostunden von Sesriem entfernt.

Buchung: Wolwedans Collection, Tel. +27 21 8 76 21 53, www.wolwedans.com

Weitere Internetadressen:
Namibia Wildlife Resorts (NWR): www.nwr.com.na
Grootberg-Lodge: www.grootberg.com
Gondwana Collection: www.gondwana-collection.com
Wilderness Safaris: www.wildernessdestinations.com

WINDHOEK
Okahandja
Gobabis
Rehoboth
Mariental
Swakopmund
Walvis Bay
Maltahöhe
Solitaire
Sesriem
Sossusvlei
Sesriem Canyon
Kuiseb Canyon
Duwisib Castle
Von François Fort
Khomas Hochland
Hakosberge
Rantberge
Remhoogteberge
Naukluftberge
Tsarisberge
Schwarzrand
Namib Rand Nat. Res.
Namib-Naukluft National Park
Namib Desert
Namib Sand Sea
Dorob National Park
Grootduin
Karubeams-berge
Hardap Recreation Resort and Game Park
Hardap Dam
Daan Viljoen Game Park
Von Bach Dam Von Bach Recreation Resort
Thermal springs Gross Barmen
Tsaobis Nature Park
Welwitschia Plains
Moon Landscape
Mukurob (Fallen Rock Finger)
Spreetshoogte Pass
Remhoogte Pass
Gaub Pass
Kuiseb Pass
Us Pass
Bosua Pass
Kupferberg Pass
Gamsberg Pass
Tsarishoogte Pass
Conception Bay
Sandwich Bay
Sandwich Harbour
Meob Bay
St. Francis Bay
Rock Bay
Pelican Pt.
1
2
3
4
5
6
7
8
Maßstab 1:2.000.000

SANDPHONIE IM WESTEN

Wo Wüstenträume wahr werden: Namibias größter Nationalpark gehört zu den Highlights des Landes, vielleicht sogar des gesamten südlichen Afrika. Die Natur hat hier eine bizarre Schönheit geschaffen, die ihresgleichen sucht.

1 Maltahöhe

Der kleine, am Rand des rund 1400 m hohen Schwarzrandplateaus gelegene Ort ist das Zentrum der namibischen Karakul-Zucht und somit ein wichtiger Treffpunkt für die Farmer der Region. Gegründet wurde er um 1895 von Henning von Burgsdorff, dem Bezirksamtmann von Gibeon, nach dessen Ehefrau Malta der Ort auch benannt ist.

SEHENSWERT
Einzige Sehenswürdigkeit ist die evangelisch-lutherische **Kirche**; an die Kolonialgeschichte erinnern zwei Friedhöfe.

UNTERKUNFT
Das im Jahr 1907 eröffnete **€ Maltahöhe Hotel** ist eines der ältesten Hotels Namibias. Die 24 Doppelzimmer mit eigenem Bad und 3 Familienzimmer bieten einfachen Komfort; zudem gibt es 18 Betten für Rucksackreisende (Tel. 063 29 30 13, www.maltahoehe-hotel.com).

2 Schloss Duwisib

Südwestlich von Maltahöhe liegt die „Wüstenfestung" **Duwisib**.

SEHENSWERT
Das an eine deutsche Ritterburg erinnernde Gebäude ist eines der skurrilsten Zeugnisse weißer Siedlungstätigkeit in Namibia. Errichtet wurde es 1908 im Auftrag des Schutztruppen-Offiziers Hansheinrich von Wolf von dem Architekten Wilhelm Sander, der auch für die Pläne der Schwerins-, der Heinitz- und der Sanderburg in Windhoek verantwortlich ist. Die meisten Baumaterialien wurden mit dem Schiff aus Deutschland eingeführt.

UNTERKUNFT
Die schöne **€/€€ Duwisib Gästefarm** liegt nur wenige Minuten von Schloss Duwisib entfernt. Die netten Gastgeber bieten 8 Gästezimmer, einen Selbstversorger-Bungalow für max. 22 Personen und 5 Camping-Stellplätze in unmittelbarer Nähe zum Schloss. Jeder Stellplatz verfügt über einen Sitzbereich, Wasseranschluss und Grillmöglichkeit. Die Warmwasserduschen werden mit einem umweltfreundlichen Solarsystem beheizt; an der Rezeption ist WLAN verfügbar (Tel. 063 29 33 44, www.farmduwisib.com).

Luxus pur

In einer der schönsten Landschaften des Landes, am Rand der Dünen von Sossusvlei, bietet die **Sossus Dune Lodge** genau das, was der Besucher aus unseren Breitengraden hier sucht: Ruhe, Weite, Einsamkeit. Die 25 großzügig gestalteten, erst kürzlich renovierten Chalets auf Stelzen fügen sich nahtlos in die Namib ein. Der einzige Zement, der beim Bau der Lodge verwendet wurde, ist der des Swimmingpools. Doch selbst der Pool ist so geschickt an den Rand der Felsen gebaut, dass er kaum zu sehen ist. Um völlige Ruhe zu genießen, muss der Gast sein Auto in gebührendem Abstand parken. Zu den Bungalows gelangt man im Elektroauto; außer dem Knirschen der Reifen auf dem Sand ist davon nichts zu hören.
Doch die Lodge ist nicht nur einzigartig schön gelegen – sie liegt auch unmittelbar im Namib Naukluft Park. Das ist ein Vorteil, denn so kann man schon morgens zu Touren im Park aufbrechen und ist vor den meisten anderen Touristen bei den Dünen.

€€€ Sossus Dune Lodge: Übernachtung im DZ mit Frühstück, Abendessen und Parkeintritt ab 210 € pro Person. Namibia Wildlife Resorts, Tel. 061 2 85 72 00, www.nwr.com.na

Campsite bei Sesriem: Und jetzt ein kühles Bier zum Feierabend!

3 Sesriem/Sossusvlei

Die mehr als 300 m hohen Dünen der Namib sind nur über das Parktor in Sesriem zu erreichen. Der Name rührt von den „sechs (Ochsen)-Riemen" her, die hier früher nötig waren, um an das Wasser im unweit gelegenen Sesriem Canyon zu kommen. Der Ort besteht im Wesentlichen aus zwei Tankstellen, den umliegenden Lodges und den Hütten der Bediensteten. Es gibt auch einen kleinen Supermarkt, in dem die wichtigsten Dinge zur Selbstverpflegung verkauft werden. Ansonsten verfügt Sesriem selbst über keinerlei Attraktionen.

SEHENSWERT
2027 feiert der **Namib Naukluft Park TOP-ZIEL** sein 120-jähriges Bestehen. Zu den Höhepunkten des Parks gehören die Dünen rund um das Sossusvlei und das benachbarte Deadvlei. Die Dünen rund ums **Sossusvlei** (*vlei* bedeutet so viel wie „Lehmpfanne") sind teils über 300 m hoch und gehören zu den höchsten der Erde. Unbedingt einen Besuch abstatten sollte man aber auch dem etwa 30 Min. Fußmarsch durch die Dünen entfernten **Deadvlei**. Hier bilden 500 bis 600 Jahre alte Skelette von Kameldornbäumen vor den rostroten Dünen eine spektakuläre Kulisse. Der Weg ist ausgeschildert. Für die Fahrt in den Park durch das Tor bei Sesriem benötigt man einen Erlaubnisschein *(permit)*. Dieser ist bei der staatlichen Parkgesellschaft Namibia Wildlife Resorts (NWR) in Windhoek erhältlich, aber auch im Büro der Parkbehörde in Sesriem selbst. Eine Vorausbuchung ist zu jeder Jahreszeit empfehlenswert. Das Tor zum

Park bleibt von Sonnenaufgang bis Sonnenuntergang geöffnet. Von dort sind es bis zum 4 x 4-Parkplatz, dem Ausgangspunkt zu Touren ins Sossusvlei und Deadvlei, etwa 60 km. Wer einen Geländewagen mit Allradantrieb hat, der kann die 5 km lange Sandpiste vom 4 x 4-Parkplatz ins Sossusvlei auch selbst fahren. Für alle anderen Besucher gibt es ab dem Parkplatz einen etwa alle 15 Min. abfahrenden Shuttleservice.

ERLEBEN
Tok Tokkie Trails bietet interessante 3-tägige **Wanderungen durch die Namib-Wüste** an und führt die Teilnehmer in die Geheimnisse der Wüste ein – inklusive zweier Übernachtungen unterm Sternenzelt. Bei den Touren sind max. 8 Personen zugelassen (Tok Tokkie Trails, Tel. 061 26 45 21, www.toktokkietrails.com). 2,5-stündige **Rundflüge über den Namib Naukluft Park** mit Sossusvlei und Kuiseb-Canyon (630 km) bietet z. B. Pleasure Flight Safaris in Swakopmund an (Tel. 064 40 45 00, www.pleasureflights.com.na). Die Preise sind abhängig von der Personenzahl.

Tipp

Wanderparadies

Die bis zu 2000 m hohen **Naukluft-Berge** am Ostrand der Namib sind ein großartiges Wanderrevier. Der 120 km lange **Naukluft Trail**, den man in Abschnitten von 2 oder 4 Tagen, in voller Länge ab 8 Tagen erwandern kann, gilt als einer der schönsten Wanderwege Namibias. Man sollte jedoch konditionell absolut fit sein, wenn man den Trail bewältigen will, denn er führt entlang steiniger Zebrapfade sowie steile Hänge hinauf (teils mit Seilen gesichert) und über trockene Hochebenen. Doch die großartigen Ausblicke unterwegs lohnen jede Mühe. Zu den Höhepunkten zählen die verwunschene Ubisis-Schlucht, die Kudu-Ebene, die Zebra-Klamm und ein riesiger Köcherbaumwald. Permits werden vom Namibia Wildlife Resort (NWR) nur zwischen März und Oktober vergeben. Die Gruppe muss mindestens 3 und darf maximal 12 Personen groß sein. Übernachtet wird im Zelt oder unter freiem Himmel, Versorgungsmöglichkeiten gibt es keine. Ein 73 km langer 4 x 4-Track bietet auch Offroad-Enthusiasten die Gelegenheit, die Naukluft-Berge (auto-)mobil zu erkunden.

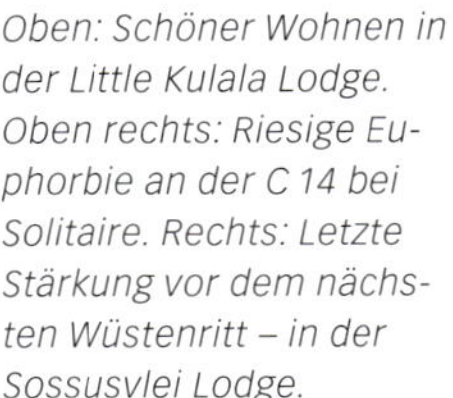

Oben: Schöner Wohnen in der Little Kulala Lodge. Oben rechts: Riesige Euphorbie an der C 14 bei Solitaire. Rechts: Letzte Stärkung vor dem nächsten Wüstenritt – in der Sossusvlei Lodge.

UNTERKÜNFTE
Eine der schönsten und preiswertesten Unterkunftsmöglichkeiten für Selbstfahrer ist die **€ Sesriem Campsite** mit insgesamt 44 Stellplätzen, direkt am Eingang zum Park in Sesriem gelegen. Die Übernachtung kostet umgerechnet etwa 34 € pro Stellplatz (Namibia Wildlife Resorts, Tel. 061 2 85 72 00, www.nwr.com.na).
Ebenfalls sehr zentral am Eingang zum Park in Sesriem liegt die **€€ Sossusvlei Lodge** mit 48 renovierten und sauberen Chalets. Manchmal ist hier sehr viel Trubel (Buchung: Sossusvlei Lodge, Tel. +27 2 19 30 45 64; zentrale Reservierungsnummer in Südafrika, www.sossusvleilodge.com).
Das 270 km^2 große Kulala Wilderness Reserve bietet großartige Wüstenlandschaften am Rand des Namib Naukluft Park. Vom **€€€ Little Kulala** ist es weniger als eine Stunde zum Eingangstor des Parks in Sesriem; die Fahrer der Lodge fahren bei den Ausflügen über ein eigenes Tor in den Park nach Sossusvlei. Die Lodge bietet elf klimatisierte Chalets mit individueller Ausstattung und privatem Pool (Little Kulala, c/o Wilderness Safaris, Tel. +27 1 12 57 50 00, www.wildernessdestinations.com).

INFORMATION
Vorausbuchung der Parkeintritte und Reservierungen für alle staatlichen Camps am und im Park über Namibia Wildlife Resorts (NWR), Central Reservations Office, Private Bag 13378, Windhoek, Namibia, Tel. 061 2 85 72 00, www.nwr.com.na

4 Sesriem Canyon

Nur 4 km von der Ortschaft Sesriem entfernt ist der einen Kilometer lange, bis zu 30 m tiefe und an manchen Stellen nur 2 m breite Sesriem Canyon ein schönes Wanderrevier sowie ein idealer Picknickplatz.

5 Solitaire

Die kleine Farmsiedlung Solitaire liegt ideal auf dem Weg von Windhoek zu den Dünen. Nach Sesriem sind es etwa 80 km. Viel mehr als eine Tankstelle und ein paar Farmhäuser gibt es nicht zu sehen; seine Bedeutung erlangte der Ort als Station auf dem Weg in den Namib Naukluft Park. Mittlerweile gibt es hier auch eine sehr schöne Lodge mit Campsite.

UNTERKÜNFTE
Die Lodge **€€ Solitaire Roadhouse** verfügt über 25 ruhige, auf den Innenhof samt Pool hinausgehende Zimmer. Außerdem gibt es einige Hütten für Selbstversorger und einen Campingplatz. Im Laden wird frisch gebackenes Brot verkauft, und nicht zuletzt kann man

WER EINEN GELÄNDEWAGEN MIT ALLRADANTRIEB HAT, DER KANN AUCH SELBST INS SOSSUSVLEI FAHREN.

hier seine Autoreifen flicken lassen (Tel. 063 29 36 19, www.solitairenamibia.com).
Ca. 60 km nördl. von Sesriem in Sichtweite zur C 19 am Fuß der versteinerten Dünen der Ur-Namib liegt die **€€ Namib Desert Lodge** mit 66 sauberen Zimmern mit Bad und Klimaanlage, zwei Pools, Restaurant, Bar und beleuchteter Wasserstelle (Tel. 061 42 72 00, www.gondwana-collection.com).
Auf dem Weg von Sesriem nach Walvis Bay gelegen, bietet die **€€ Rostock Ritz Desert Lodge** Wüstenerlebnis pur. Die Gäste wohnen in elf im afrikanischen Stil errichteten Rundbauten mit Dusche und WC. Jedes Gebäude verschmilzt mit der Umgebung und bietet einen weiten Ausblick über die Namib. Auch Tagesbesucher sind willkommen (Tel. 081 2 58 57 22, www.rostock-ritz-desert-lodge.com).

6 Spreetshoogte Pass

Zentralnamibia liegt auf einem Hochplateau. Auf dem Weg in die Wüste muss man deshalb immer die bis zu 1500 m hohe Randstufe hinunterfahren. Eine der schönsten Möglichkeiten, dies zu tun, ist der Spreetshoogte Pass bei Nauchas, südwestlich von Windhoek. Die Aussicht über die Namib ist atemberaubend. Allerdings ist dies zugleich der steilste Pass weit und breit (Gefälle von bis zu 22 Prozent), deswegen sollte die Schotterpiste mit höchster Vorsicht befahren werden.

7 Kuiseb Canyon

Einer breiten Öffentlichkeit bekannt geworden ist der Kuiseb Canyon durch die beiden deutschen Geologen Henno Martin und Hermann Korn, die sich im Zweiten Weltkrieg zwei Jahre lang hier versteckten. Was sie dabei erlebten, schrieben sie in ihrem Buch „Wenn es Krieg gibt, gehen wir in die Wüste" nieder.
Von Solitaire führt die Hauptstraße C 14 über den Kuiseb-Pass nach Walvis Bay. Auch wenn dieser Abschnitt des 560 km langen Kuiseb-Flusses teils im Namib Naukluft Park liegt, ist die Passage von Solitaire nach Walvis Bay eine der wenigen Strecken im Park, für die man kein Permit benötigt. Die etwa 20 km lange Fahrt durch den bis zu 200 m tiefen eigentlichen Canyon ist spektakulär.

8 Vogelfederberg

„Namibias Ayers Rock in klein", wie der Vogelfederberg gern beschrieben wird, liegt auf etwa zwei Drittel der Wegstrecke zwischen Solitaire und Walvis Bay an der C 14. Wie aus dem Nichts erhebt sich die etwa 100 m hohe Granitkuppe aus der Landschaft. Für Besucher hat das Namibia Wildlife Resort (NWR) hier sehr schöne Picknickplätze eingerichtet. Wer Ausrüstung und Verpflegung selbst mitbringt, der kann hier auch übernachten und die absolute Stille in diesem Nichts aus Stein und Sand genießen (Permit vom NWR erforderlich).

IM SIEBTEN HIMMEL

Kein Anblick kann diesen übertreffen. Kaum eine Ballonfahrt der Welt kann es mit dieser aufnehmen. Wir hängen wie ein Gemälde am Himmel über der Namib. Über uns mehrere Hundert Quadratmeter Ballonseide, ein paar Dutzend reißfeste Leinen und Tausende Kubikmeter heißes Propangas. Unter unseren Füßen einige wenige Zentimeter Korb, darunter nichts als Sand. Es ist sieben Uhr morgens. Zu dieser wunderbaren Stunde, wenn die Sonne ihre Fühler erst schüchtern, später immer kräftiger über die Dünen legt, teilt sie die Sandberge in zwei Hälften: in eine goldgelbe und eine schwarze.

Die Ballonfahrten, die das Unternehmen Namib Sky Balloon Safaris anbietet, zählen zu den schönsten Erlebnissen in Namibia. Lautlos gleitet der Ballon über die Dünen. Ein paar Springböcke eilen hastig von einem Sandberg zum nächsten, eine Straußenfamilie sucht Schutz im Schatten eines Baumes. Eine halbe Ewigkeit gleiten wir so über die älteste Wüste der Welt. Erst nach einer Stunde spüren wir wieder festen Boden unter den Füßen.

Nach der spektakulären Fahrt mit dem Heißluftballon ein üppiges Frühstück

Kaum gelandet, haben die Helfer, die dem Ballon mit dem Jeep gefolgt sind, schon ein exklusives Frühstück mit allerlei Köstlichkeiten in die Wüste gezaubert. In Windeseile stehen die Frühstückstische mitten im Sand, darauf: Brot, Schinken, Käse, Ei, Ananas, Mangos – und zur Feier des Tages für jeden ein Glas Champagner.

Namib Sky Balloon Safaris:
Tel. 081 3 04 22 05,
www.balloon-safaris.com

Kosten: Die 1-stündige Ballonsafari kostet umgerechnet etwa 460 € pro Person, inklusive Abholung von der Unterkunft, Ballonfahrt und Champagner-Frühstück.

Buchung: Die Ballonfahrten finden fast das ganze Jahr über statt, außer zwischen Mitte Januar und Mitte Februar. Eine vorherige Anmeldung ist empfehlenswert.

Etosha und Norden

*

TIERISCHE AUSSICHTEN

*

Der große, artenreiche Etosha-Nationalpark ist Schauplatz eines einzigartigen Naturschauspiels. Bühne ist die bis zu 120 Kilometer lange und 60 Kilometer breite Etosha-Pfanne. Die Stars in der Manege: Springböcke, Strauße, Zebras, Giraffen, Nashörner, Schakale, Hyänen, Leoparden und der Löwe als König der Tiere.

Mit mehr als 300 Tieren lebt im Etosha-Nationalpark die größte Löwenpopulation Namibias.

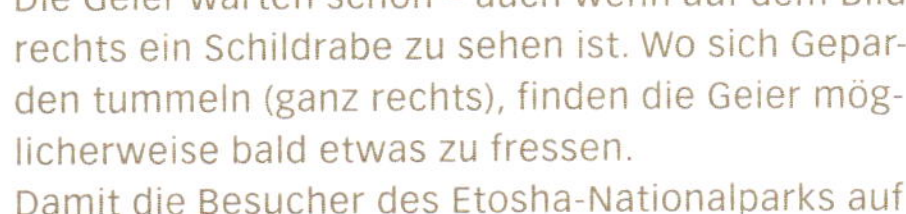

Die Geier warten schon – auch wenn auf dem Bild rechts ein Schildrabe zu sehen ist. Wo sich Geparden tummeln (ganz rechts), finden die Geier möglicherweise bald etwas zu fressen.
Damit die Besucher des Etosha-Nationalparks auf ihren vierradangetriebenen Beobachtungsstationen etwas vor die Linse bekommen, verharren sie am besten in geduldiger Stille (unten).

Alles begann mit einem vergilbten Foto. Der Onkel meiner Mutter hatte es uns geschickt, als er mal wieder in Südwest war. Das muss irgendwann in den 1970er-Jahren gewesen sein. Als Architekt arbeitete er damals an der Restaurierung des Forts Namutoni mit, im Südosten des Etosha-Nationalparks. Das Bild zeigte ein paar Springböcke und Giraffen an einem Wasserloch. Zusammen mit einigen anderen Fotos aus jener Zeit lag es bei uns zu Hause viele Jahre in der Bilderkiste und faszinierte mich, solange ich denken kann. Und jetzt, 50 Jahre später, stehe ich selbst am Wasserloch von Goas und sehe eben dieses Bildmotiv vor mir – in echt. Vor uns grasen ein paar Springböcke, am Wasser trinken Zebras und Giraffen. Dahinter erstreckt sich in voller Weite das ausgedehnte Buschland Nordnamibias.

EIN WEITES NICHTS

Von jeher verzaubert der Etosha-Nationalpark seine Besucher. Weil er längst nicht so üppig bewachsen ist wie seine prominenten Brüder Serengeti in Tansania oder Krüger-Nationalpark in Südafrika, nennen ihn die Ovambo, die zahlenmäßig größte Bevölkerungsgruppe Namibias, nur „großer weißer Platz". Aber genau das macht auch seinen Charme aus: die spröde Schönheit am Rand der überdimensionalen Lehmpfanne mit ihrem immensen Tierreichtum.

Der berühmteste Nationalpark Namibias ist nicht nur eines der größten Wildschutzgebiete Afrikas, sondern auch eines der artenreichsten. Auf einer Fläche von rund 22 270 Quadratkilometern entfaltet sich ein geradezu paradiesisch anmutendes Wildleben: Herden von 30 Elefanten und mehr versammeln sich in den frühen Morgen- wie Abendstunden an den Wasserlöchern und eröffnen dem Besucher imposante Einblicke in das Leben im afrikanischen Busch. 114 Säugetier- und 350 Vogelarten sind in dem Nationalpark heimisch, dessen Ursprünge als Schutzgebiet mehr als 100 Jahre zurückreichen. Schon am 22. März 1907 dekla-

„Die Natur ist unerbittlich und unveränderlich, und es ist ihr gleichgültig, ob die verborgenen Gründe und Arten ihres Handelns dem Menschen verständlich sind oder nicht." (Galileo Galilei)

Reges Tierleben an einem Wasserloch in der Nähe des – heute als Unterkunft und Besucherzentrum fungierenden – Forts Namutoni im Südosten des Etosha-Nationalparks

Freiwillige vor!

Special

Hilfe für Raubkatzen

Das schnellste Landsäugetier: Bis zu 120 km/h erreicht der Gepard auf kurzen Strecken.

In Namibia leben rund 3500 Geparden, das ist knapp die Hälfte der Weltpopulation. Doch die Tiere sind in Gefahr. In vielen Wildreservaten in Namibia kann man die Raubkatzen aus nächster Nähe beobachten – und gleichzeitig dabei helfen, sie zu schützen.

Einst bevölkerte das schnellste Landraubtier der Erde weite Teile Afrikas und Asiens. Heute gilt der Gepard als stark bedroht. Im Iran und in Pakistan, wo die Tiere noch vor 150 Jahren in großer Zahl heimisch waren, leben jetzt nur noch wenige Dutzend Exemplare; im Norden Afrikas sind sie nur mehr eine Legende. Auch südlich der Sahara hat der Mensch sie weitgehend verdrängt. Immerhin beherbergt Namibia noch etwa 3500 Tiere. Doch auch hier sind die schnellen Raubkatzen in Gefahr. Seit immer mehr Farmer zu Beginn des 20. Jahrhunderts Weidezäune zogen, gerät der Gepard zunehmend ins Hintertreffen. Etwa 80 Prozent der namibischen Geparden leben auf Farmland, und so ist der Konflikt mit dem Menschen vorprogrammiert. Bei vielen Farmern sind die Katzen vor allem deshalb verhasst, weil sie Schafe, Ziegen und Kälber reißen.

Immer mehr Naturschutzorganisationen haben sich zum Ziel gesetzt, die seltenen Tiere zu schützen. Eine davon ist der Cheetah Conservation Fund (CCF) in der Nähe von Otjiwarongo. Bereits seit 1990 kämpft das Team um Dr. Laurie Marker für die Rettung der Geparden in freier Wildbahn. Der CCF arbeitet mit Wissenschaftlern auf der ganzen Welt zusammen. Die Forschung kommt laut eigenen Aussagen nicht nur dem Gepard und seinem Ökosystem zugute, sondern auch anderen Großkatzen und Raubtieren. Beim CCF wird aber nicht nur geforscht; Farmer und Besucher erhalten dort auch einen spannenden Einblick in das Leben des schnellsten Landsäugetiers der Erde. Das Besucherzentrum beherbergt neben dem Genetiklabor auch ein kleines Gepardenmuseum, einen Souvenirladen und ein Café. In der fünf Gehminuten entfernten Cheetah View Lodge stehen fünf Gästezimmer zur Verfügung (www.cheetah.org).

rierte der damalige Gouverneur von Deutsch-Südwest, Friedrich von Lindequist, 99 000 Quadratkilometer im Norden Namibias zum geschützten „Game Reserve 2".

Zuvor war der ehemals reiche Wildbestand durch jahrzehntelange Wilderei und Großwildjagd beinahe ausgerottet worden und die Fleischversorgung der Bevölkerung ernsthaft in Gefahr. Elefanten gab es hier im Norden Namibias schon um das Jahr 1880 herum nicht mehr; auch die früher viele Zehntausende Tiere zählenden Antilopenherden waren weitgehend ausgerottet. Doch die Schutzmaßnahmen führten schon nach wenigen Jahren zum Erfolg: Die Wildbestände stiegen rasch wieder an. Allerdings stieg auch der Landbedarf der in der Umgebung des Parks lebenden Bevölkerung. Deshalb wurde das Schutzgebiet später noch mehrere Male verkleinert, bis der Park schließlich seine heutige Größe erreichte.

OST UND WEST

Jahrzehntelang war der Etosha-Nationalpark zweigeteilt in einen für Besucher zugänglichen Ostteil, der etwa zwei Drittel des Parks ausmachte, und einen nur von Reiseveranstaltern befahrbaren Westteil. Erst im Jahr 2008 wurde der landschaftlich abwechslungsreichere Westteil für Besucher geöffnet. Sechs Jahre später, 2014, hat man auch das Galton Gate (ehemals Otjovasandu-Tor) im Westen passierbar gemacht.

Heute liegen drei große Rastlager im Nationalpark verteilt: Okaukuejo im Westen, Halali im Herzen des Parks und das alte deutsche Fort Namutoni im Osten. Hinzu kommen die beiden exklusiven Camps Onkoshi am Nordrand der Etosha-Pfanne und Dolomite im Westteil. Verwaltet werden die beiden Camps von der staatlichen Parkbehörde. Zudem wurde im Oktober 2014 im äußersten Osten des Parks das Olifantsrus Camp mit zehn Zeltplätzen eröffnet. Im eingezäunten Areal gibt es auch ein nachts beleuchtetes Wasserloch.

Leichtmatrosen mit Einbaum im Caprivi-Streifen: Wie ein Netz umspannen zahlreiche Flussarme – hier ein Nebenarm des Kwando River – die zwischen 32 und 90 Kilometer breite Region im Nordosten des Landes.

„Caprivianer" nennt man die in der Region lebenden Einheimischen, hier in einem ihrer typischen, kreisförmig angelegten Dörfer bei Lizauli. Sie gehören zur Bantu-Sprachfamilie und werden nach alter Tradition von Stammeshäuptlingen regiert.

Medizinmann im Dorf Lizauli im Caprivi-Streifen, in dem auch …

… traditionelle Tänze und Gesänge der Caprivianer vorgeführt werden. Sie leben noch immer von Fischfang, Ackerbau und der Jagd.

JAHRZEHNTELANG WAR DER ETOSHA-NATIONALPARK ZWEIGETEILT IN EINEN FÜR BESUCHER ZUGÄNGLICHEN OSTTEIL UND EINEN NUR VON REISEVERANSTALTERN BEFAHRBAREN WESTTEIL.

ETWAS GLÜCK IST WILLKOMMEN

Landschaftlich ist der Park vor allem von der Etosha-Pfanne geprägt. Sie entstand vor zwei bis fünf Millionen Jahren durch eine Absenkung des Bodens. Damals bildete sich ein See, der vermutlich vom Kunene-Fluss an der heutigen Grenze zu Angola gespeist wurde. Heute bezieht die Pfanne ihr Wasser in der Regenzeit zwischen Dezember und März aus mehreren Zuflüssen im Norden. In guten Regenjahren steht das Wasser bis zu zehn Zentimeter hoch in der Pfanne. Riesige Flächen verwandeln sich in eine schlickige Brühe, in der Tausende und Abertausende Flamingos nach Krill fischen.

Im Park gibt es etwa 40 artesische Quellen, wie in der Gegend um Namutoni, bei denen das Wasser durch Druck an die Oberfläche befördert wird; außerdem Grundwasserquellen wie in Okaukuejo, Sickerquellen wie Salvadora, Okerfontein und Springbokfontein sowie künstliche Bohrlöcher wie in Olifantsbad und Gemsbokvlakte. Alle diese Wasserstellen ziehen ganz bestimmte Tierarten an. So lassen sich in Groot-Okevi, nördlich von Namutoni, häufig Kudus, Zebras, Giraffen, Elefanten, mit etwas Glück auch Geparden und Leoparden beobachten. Kalkheuvel ist bekannt für seine großen Elefantenherden. In Salvadora und Sueda direkt an der Etosha-Pfanne lassen sich auch häufig Löwen beobachten. Tagsüber dösen sie meist unter einer der Akazien am Rand der Pfanne. Ab dem späten Nachmittag beobachten sie immer aufmerksamer die großen Herden von Zebras und Springböcken, die zum Trinken an die Wasserstelle kommen, und starten dabei schon mal einen Angriff. Von dem auf einer Anhöhe liegenden Beobachtungspunkt lässt sich das animalische Geschehen sehr gut überblicken.

DAS BRUTALE SPEKTAKEL DER NATUR …

… setzt sich hier jeden Tag fort. Antilope frisst Gras, Raubkatze frisst Antilope und so weiter. In der Hitze des Tages ist es an den Wasserlöchern meist ruhig. Leben kommt erst wieder am späten Nachmittag auf. Dann nähert sich ein Tier nach dem anderen den Wasserlöchern: zuerst die Perlhühner, dann die Springböcke und Zebras, später Kudus und Oryx-Antilopen. Steht die Sonne tief, sieht man oft Dutzende von Giraffen über die noch von der Hitze flimmernden Ebenen zu den Wasserlöchern staken. Sind diese Tiere am Wasser angelangt, taxieren sie vorsichtig die anderen. Minuten vergehen. Dann spreizt die Giraffe langsam ihre Beine und führt den Kopf aus sechs

Die Galeriewälder und die südlich anschließende Dornbuschsavanne des die Grenze von Botswana säumenden Chobe River sind nicht nur die Heimat großer Elefantenherden. Neben den grauen Riesen kommen noch andere Tiere zum Trinken an den Fluss, an und in dem sich auch Afrikanische Büffel, Krokodile und Nilpferde sichtlich wohlfühlen.

Die Chobe Safari Lodge liegt direkt am Ufer des gleichnamigen Flusses, nach dem auch der rund 10 500 Quadratkilometer große Chobe-Nationalpark benannt ist. Mit Ausflugsbooten lässt sich die Tierwelt am Chobe River bequem beobachten.

DER LEISESTE TON, DAS KLEINSTE RASCHELN IM GEBÜSCH GENÜGT, UND SCHON STIEBT DAS TIER DAVON.

Die Victoriafälle, die im Grenzgebiet von Simbabwe und Sambia auf einer Breite von rund 1700 Metern in eine 110 Meter tiefe und kaum mehr als 50 Meter weite Schlucht stürzen, sind die spektakulärsten Kaskaden des Schwarzen Kontinents.

Der schottische Missionar David Livingston, der sich in der Mitte des 19. Jahrhunderts auf den Weg ins dunkle Herz Afrikas machte, gab den Wasserfällen den Namen seiner Königin. Die einheimischen Kololo nennen das ergreifende Naturschauspiel Mosi-oa-Tunya („donnernder Rauch"). Besonders nah kommt man den Wassermassen beim Wildwasserrafting.

Auch eine Möglichkeit, sich der Natur zu nähern – und das ziemlich rasch: Bungee-Sprung von der Victoria Falls Bridge

»WUNDER STEHEN NICHT IM GEGENSATZ ZUR NATUR, SONDERN NUR IM GEGENSATZ ZU DEM, WAS WIR ÜBER DIE NATUR WISSEN.«

Aurelius Augustinus

Meter Höhe hinunter zum Wasser. In diesem kritischen Moment sind die Ohren aufgestellt, sodass ihr nicht das geringste Geräusch entgeht. Der leiseste Ton, das kleinste Rascheln im Gebüsch genügt bereits, und schon stiebt das Tier davon.

WENN ES NACHT WIRD IM PARK

Neigt sich der Tag dem Sonnenuntergang zu, dann gesellen sich meist auch noch Elefanten zum bunten Tierpotpourri am Wasserloch. Ganz unbescheiden beanspruchen sie oft ein ganzes Loch für sich. Prustend und schnaubend kommen die Riesen anstolziert. Erst nehmen sie ein paar vorsichtige Schlucke, dann werden diese immer größer, bevor sich die ersten Tiere mit dem Wasser bespritzen. Erst nach einer Stunde oder zwei ziehen sie ihres Weges, machen das Loch aber nicht eher frei, bevor sie sich nicht noch ausgiebig im Staub gebadet haben.

Ist die Sonne über der Savannenlandschaft schließlich untergegangen, haben auch die letzten Elefanten das Weite gesucht. Dann gehört der Etosha-Nationalpark ganz den Tieren der Nacht: Löwen, Leoparden, Hyänen und so skurrilen Geschöpfen wie dem Erdferkel, das sich – beinahe nackt, nur mit wenigen borstigen Haaren bedeckt – ausschließlich bei Dunkelheit aus seinem Erdloch traut, um Jagd auf Termiten zu machen.

KAZA-Park

NATURSCHUTZ OHNE GRENZEN

Im grenzübergreifenden KAZA-Park wollen die fünf Länder Namibia, Botswana, Sambia, Simbabwe und Angola ihren Traum vom Erhalt der afrikanischen Wildnis Wirklichkeit werden lassen und den größten Nationalpark der Erde schaffen – zugunsten der Tierwelt und der einheimischen Bevölkerung.

Es ist eines der ambitioniertesten Naturschutzprojekte der Gegenwart: 2012 entstand rund um das wild- und pflanzenreiche Okavango-Delta Schritt für Schritt das zweitgrößte Schutzgebiet der Erde (nach dem Nordost-Grönland-Nationalpark), ein grenzüberschreitendes Natur- und Landschaftsschutzgebiet namens „Kavango-Zambezi Transfrontier Conservation Area" (kurz: KAZA-Park), das sich über eine Fläche von mehr als 520 000 Quadratkilometern erstreckt. Mehr als drei Dutzend Naturschutzgebiete wurden dafür zusammengefasst, darunter der Caprivi-Zipfel in Namibia, die Victoriafälle in Sambia/Simbabwe, der Hwange-Nationalpark in Simbabwe, das Okavango-Delta und der Chobe-Nationalpark in Botswana.

MEMORANDUM FÜR EIN PROJEKT

Die Idee dafür wurde bereits im Jahr 2003 geboren. Ursprünglich sollte der KAZA-Park zur Fußball-WM 2010 in Südafrika eröffnet werden. Wegen Unstimmigkeiten zwischen den Ländern musste der Zeitpunkt aber immer wieder verschoben werden. Die Zusammenarbeit von demokratischen Staaten wie Namibia und Botswana mit autoritären Regimen wie jenem in Simbabwe gehört dabei zu den größten Herausforderungen.

Immerhin wurde der Park 2012 offiziell eröffnet. Derzeit sind die Mitgliedsländer damit beschäftigt, eine gemeinsame Verwaltung aufzubauen und die Grenzformalitäten zu vereinheitlichen. In Zukunft soll es beispielsweise ein länderübergreifendes Visum für Touristen geben.

VERSÖHNUNG VORANTREIBEN

Unterstützt wird das Mammutprojekt unter anderem vom deutschen Bundesministerium für wirtschaftliche Zusammenarbeit und Entwicklung in Kooperation mit der KfW-Entwicklungsbank in Frankfurt a. M.. Mehr als 35,5 Millionen Euro hat die Bundesregierung bereits in das Projekt gesteckt. „Ziel ist es, die alten Wanderrouten der Tiere wiederherzustellen und die Armut in der Region zu lindern sowie die Versöhnung der einzelnen Mitgliedsstaaten voranzutreiben", heißt es von den Verantwortlichen der KfW-Entwicklungsbank.

Wenn Träume wahr werden, können auch Traumsafaris Wirklichkeit werden – im grenzüberschreitenden KAZA-Park etwa, in dem Elefanten Vorfahrt haben.

Flusspferde im Caprivi-Streifen (oben), dem Herzstück des KAZA-Parks. Auch Elefanten (linke Seite) sollen sich hier in ihrem natürlichen Lebensraum frei bewegen können.

»ZIEL IST ES, DIE ALTEN WANDERROUTEN DER TIERE WIEDERHERZUSTELLEN UND DIE ARMUT IN DER REGION ZU LINDERN ...«

Auch der Caprivi-Zipfel mit seiner Flora und Fauna – hier eine Seerose und ein Graulärmvogel beim Camp Kwando – gehört zum riesigen grenzüberschreitenden Gebiet des KAZA-Parks; ebenso der Chobe National Park in Botswana (rechte Seite).

Zusätzlich zum Schutz des überaus sensiblen Ökosystems will man auch aktiv neue Rückzugsgebiete für Tiere wie das bedrohte Spitzmaulnashorn, Geparden und den seltenen Afrikanischen Wildhund schaffen. Zugleich soll in der bislang schlecht erschlossenen Region ein nachhaltiger Tourismus gefördert werden, was auch jene Einheimischen überzeugen könnte, die derzeit in erster Linie Nachteile durch den Park befürchten: Jagdverbote, Ernteschäden durch Elefanten aus dem benachbarten Botswana oder Umsiedlungsaktionen.

Vonseiten der KfW-Entwicklungsbank heißt es dagegen: „Die Menschen sollen vom Tourismus im Park profitieren.“ Die dabei aufgestellte Rechnung klingt relativ einfach: „Acht Touristen schaffen einen permanenten Arbeitsplatz.“

EINE RIESIGE HERAUSFORDERUNG

Im Chobe-Nationalpark in Botswana lebt heute fast ein Viertel aller afrikanischen Elefanten. Sie zerstören zunehmend die landwirtschaftlichen Nutzflächen und stellen so für die lokale Bevölkerung eine Bedrohung dar. Eine riesige Herausforderung.

Auch in diesem Zusammenhang könnte der KAZA- Park hilfreich sein, denn mit ihm wurden Grenzen geöffnet und Zäune abgerissen. So erweitert sich der natürliche Lebensraum für die Tiere grenzüberschreitend und ermöglicht ihnen eine Rückkehr auf ihre alten Wanderrouten. Im Süden Angolas steht den Elefanten ein bislang ungenutztes Rückzugsgebiet zur Verfügung. Auch deshalb sprechen die Initiatoren vom „bedeutendsten Naturschutzprojekt in Afrika in den vergangenen hundert Jahren“.

Seit seiner offiziellen Eröffnung ist der KAZA-Park auch der größte von insgesamt zehn grenzübergreifenden „Friedensparks“ im südlichen Afrika, die neben dem Naturschutz auch die friedliche Kooperation benachbarter Staaten fördern wollen.

KAZA und weitere Parks

Genaue Infos zum KAZA-Park liefert das Parksekretariat in Kasane/Botswana:
www.kavangozambezi.org

Einen Überblick über alle afrikanischen Friedensparks findet man auf der Webseite der 1997 durch Nelson Mandela und Prinz Bernhard der Niederlande als gemeinnützige Gesellschaft gegründeten Peace Parks Foundation:
www.peaceparks.org

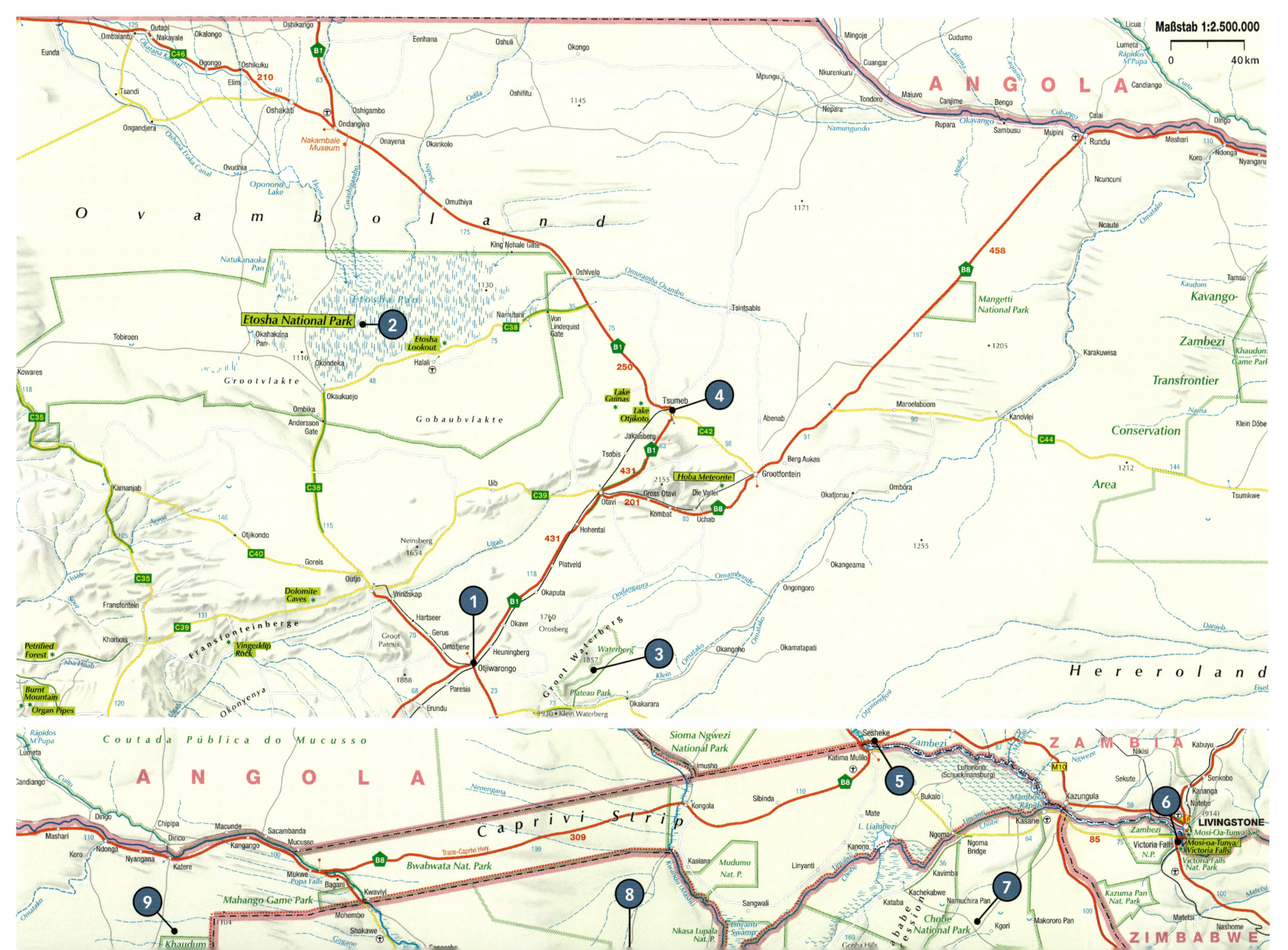

Maßstab 1:2.500.000
0
40 km
ANGOLA
Ovamboland
Hereroland
Etosha National Park
Etosha Pan
Etosha Lookout
Mangetti National Park
Kavango-Zambezi Transfrontier Conservation Area
Khaudum Game Park
Grootvlakte
Gobaubvlakte
Groot Waterberg
Waterberg Plateau Park
Fransfonteinberge
Hoba Meteorite
Lake Otjikoto
Lake Guinas
Dolomite Caves
Vingerklip Rock
Petrified Forest
Burnt Mountain
Organ Pipes
Nakambale Museum
Oponono Lake
Natukanaoka Pan
Rundu
Tsumeb
Grootfontein
Otavi
Otjiwarongo
Outjo
Oshakati
Ondangwa
Okaukuejo
Halali
Namutoni
Von Lindequist Gate
King Nehale Gate
Andersson Gate
Kamanjab
Khorixas
Fransfontein
Tsintsabis
Oshivelo
Okakarara
Kombat
Berg Aukas
Tsumkwe
Nkurenkuru
Katima Mulilo
Kasane
LIVINGSTONE
Victoria Falls
ZAMBIA
ZIMBABWE
Caprivi Strip
Coutada Pública do Mucusso
Bwabwata Nat. Park
Mahango Game Park
Mudumu Nat. P.
Nkasa Lupala Nat. P.
Sioma Ngwezi National Park
Chobe National Park
Kazuma Pan Nat. Park
Mosi-oa-Tunya/Victoria Falls
Popa Falls
Zambezi
Trans-Caprivi Hwy.
B1
B8
C38
C39
C40
C42
C44
1
2
3
4
5
6
7
8
9

AFRIKAS TIERWELT

Sie könnten unterschiedlicher nicht sein – dennoch formen der trockene Etosha-Nationalpark und der tropisch-feuchte Caprivi-Zipfel die beiden größten Tierparadiese in Namibia. Beinahe alle afrikanischen Tierarten lassen sich dort beobachten: von Elefanten über Löwen und Nashörner in Etosha bis hin zu Krokodilen, Flusspferden und Büffeln in der Region Sambesi (ehemals Caprivi-Region).

Immer eine gute Adresse: die Onguma Safari Camps – hier „The Fort" beim Etosha-Nationalpark

1 Otjiwarongo

Die lebhafte 49 000-Einwohner-Stadt liegt etwa 170 km vom Südtor des Etosha-Nationalparks entfernt und dient heute vor allem der Versorgung der umliegenden Farmer. Einst war Otjiwarongo einer der wichtigsten Orte an der Anfang des vergangenen Jahrhunderts gebauten Eisenbahnstrecke von Windhoek nach Tsumeb. Noch heute erinnert die Lok Nr. 2 vor dem Bahnhofsgebäude an den schnellen Aufschwung von damals.

SEHENSWERT

Die **Krokodilfarm** in der Henk Willems Street (www.namcrocs.com) züchtet riesige Exemplare der urzeitlichen Echsen für eine internationale Käuferschaft (Führungen Mo.–Fr. 8.00 bis 17.00, Sa. 8.00–15.00, So. 9.00–15.00 Uhr).
Der 1990 von der amerikanischen Zoologin Laurie Marker gegründete **Cheetah Conservation Fund** hat seinen Sitz 44 km östl. von Otjiwarongo an der D 2440. Erklärtes Ziel der international anerkannten Einrichtung ist es, den Lebensraum und das Überleben der Geparden zu sichern. Man kann das CCF besuchen und dabei die Tiere beobachten. Fütterung der Geparden ist Mo.–Fr. um 14.00, Sa. und So. um 12.00 Uhr. Außerdem gibt es ein Cheetah-Museum, Safari- und Übernachtungsmöglichkeiten (Auskunft und Buchung über www.cheetah.org, Tel. 067 30 62 25; Mo.–Fr. 8.00–17.00 Uhr, Eintritt: 220 N$).

UNTERKUNFT

Rund 43 km nordöstl. von Otjiwarongo gelegen, bietet die **€€€ Frans Indongo Lodge** schöne, im Stil eines traditionellen Krals gebaute Chalets, einen Pool, ein Restaurant, eine schöne Terrasse und ein Wasserloch zur Tierbeobachtung (Tel. 067 30 49 45, www.indongolodge.com).

2 Etosha-Nationalpark

Der **Etosha-Nationalpark** TOPZIEL legt sich kreisförmig um die 6000 km² große Etosha-Pfanne – Teil eines vorzeitlichen, von den großen Flüssen im Norden gespeisten, aber schon vor 120 Mio. Jahren ausgetrockneten Sees. Dessen weißer, kalkhaltiger Boden gibt dem Park heute sein Gesicht.

SEHENSWERT

Eine Vielzahl von natürlichen und künstlichen Wasserstellen am Südrand der Etosha-Pfanne garantiert hervorragende Möglichkeiten zur **Tierbeobachtung** (s. a. S. 18). In besonders guten Regenjahren läuft die Etosha-Pfanne etwa 10 cm hoch mit Wasser voll und lockt Tausende Wasservögel zum Brüten an.
Im Park führt ein rund 700 km langes Netz von *pads* (Schotterpisten) zu den Wasserlöchern. Die Maximalgeschwindigkeit beträgt 60 km/h, das Auto darf nur an den gekennzeichneten Stellen verlassen werden. Einlass ist ab Sonnenaufgang. Jeder Besucher wird registriert und muss den Park bis Sonnenuntergang verlassen oder eine der Unterkünfte im Park angesteuert haben. Der Park ist über vier verschiedene Tore erreichbar: das Andersson Gate bei Okaukuejo im Süden, das Von Lindequist Gate bei Namutoni im Osten, das King Nehale Gate im Norden und das Galton Gate im äußersten Westen des Parks.

UNTERKÜNFTE

In den drei großen Resorts Okaukuejo, Namutoni und Halali gibt es Geschäfte, Restaurant und Tankstelle sowie beleuchtete Wasserlöcher, an denen nachts viele Tiere zu beobachten sind. Alle Resorts werden von Namibia Wildlife Resorts (NWR) betrieben. Vorabreservierung ist ratsam (Tel. 061 2 85 72 00, www.nwr.com.na).
€€ Okaukuejo, das älteste und beliebteste der Camps, liegt 17 km nördl. des Südeingangs des Parks. Heute haben in der ehemaligen deutschen Polizeistation die Parkverwaltung und das ökologische Institut ihren Sitz. Das Camp verfügt über normale Doppelzimmer, einfache Bush-Chalets, große Family-Chalets und einen Campingplatz.
Wer sich für die deutsche Geschichte interessiert, der ist in **€ Namutoni**, dem ehemaligen deutschen Fort von 1903, genau richtig. Zum Sonnenuntergang wird hier, begleitet von Trompetenfanfaren, die namibische Flagge eingeholt. Das Camp liegt im Ostteil des Nationalparks, 123 km von Okaukuejo. Auch hier stehen verschiedene Unterkünfte zur Verfügung – vom komfortablen Chalet bis zum Campingplatz.
Unter dem Schatten der Mopanebäume liegt auf halber Höhe zwischen Okaukuejo und Namutoni **€€ Halali**, das dritte große Camp (jeweils ca. 70 km nach Namutoni und Okaukuejo). Halali verfügt über 2- und 4-Bett-Bush-Chalets, Family-Chalets, Double Units und einen großen Campingplatz.
Im **€€€ Onkoshi Camp**, 34 km nördl. von Namutoni, findet man 15 luxuriöse, auf Stelzen gebaute Chalets an einem der am wenigsten zugänglichen Plätze des Parks, am Nordrand der Etosha-Pfanne.

Ganz links: Am Waterberg. Links: Nashorn am nachts künstlich beleuchteten Wasserloch des Camps Halali im Etosha-Nationalpark. Oben: Morgenstimmung am Okavango-Fluss.

Das €€€ **Dolomite Camp** mit seinen 20 Privatchalets bietet tolle Tierbeobachtungsmöglichkeiten im wilden Westen des Parks. Zum 2014 eröffneten Galton Gate sind es etwa 40 km. Im selben Jahr wurde auch das etwa 60 km von diesem Tor entfernte € **Olifantsrus Camp** eröffnet – ein eingezäuntes Gelände mit 10 Zeltplätzen.

3 Waterberg

Mehr als 200 m ragt der Waterberg über die Hochebene im Norden Namibias. Der Tafelberg ist knapp 50 km lang und 15 km breit. Auf dem 400 km² großen Plateau hat die namibische Regierung einen Nationalpark eingerichtet, in dem man geführte Wanderungen unternehmen kann.
Ursprünglich zum Schutz der Elenantilope geschaffen, beherbergt das Schutzgebiet heute auch die beiden in Namibia vorkommenden Nashornarten: Breitmaul- und Spitzmaulnashorn. Hinzu kommen Büffel, Rappen-, Pferde- und Leierantilopen sowie Leoparden. Das Rastlager wird von der staatlichen Parkgesellschaft betrieben und verfügt über 69 Chalets sowie einen Campingplatz mit 45 Stellplätzen.

INFORMATION
www.nwr.com.na

4 Tsumeb

Die betriebsame 35 000-Einwohner-Stadt liegt etwa 70 km vor dem Osttor des Etosha-Nationalparks. Hier haben sich private Lodges und Gästefarmen angesiedelt – oft eine gute Alternative zu den Unterkünften im Park.

SEHENSWERT/MUSEUM
Im Zentrum gibt es einige schöne Kolonialbauten. Besonders sehenswert ist das **Gebäude der Minengesellschaft OMEG** mit Uhrturm. Einen Überblick über die fast 200 in der Region abgebauten Mineralienarten gibt das **Tsumeb Museum** in der President Avenue neben der Evangelisch-Lutherischen Kirche (Mo.–Fr. 9.00 bis 12.00, 14.00–17.00 Uhr). Im **Helvi Mpingana Kondombolo Cultural Village**, etwas südl. der Stadt, bekommen Besucher interessante Einblicke in die Lebensweisen der verschiedenen Volksgruppen der Region. Dort werden auch traditionelle Tänze aufgeführt (Tel. 081 1 48 23 91).

UNTERKÜNFTE
€ **Sachsenheim Guest Farm**, 25 km vor dem Osttor des Etosha-Nationalparks gelegen, bietet günstige, saubere Zimmer sowie mehrere Campingstellplätze, Schwimmbad, Restaurant und Bar (Tel. 081 2 15 01 00, www.sachsenheim guestfarm.com).
€€€ **Onguma – The Fort**, das größte der Onguma-Camps, ist einer Festungsanlage aus der Kolonialzeit nachempfunden und bietet luxuriöses Ambiente vor dem Osttor des Parks. 12 exklusive Suiten mit Terrasse sowie eine Fort Suite, dazu Restaurant, Lounge, Souvenirshop, Aussichtsplattformen und Schwimmbad (Tel. 061 23 70 55, www.onguma.com).
Die 14 Chalets der €€€ **Ongava Lodge**, im Ongava Game Reserve am Südrand des Etosha-Nationalparks gelegen, wurden schön am Fuß eines Hügels errichtet. Die größte Attraktion im Reservat sind Breit- und Spitzmaulnashörner (Tel. 083 3 30 39 20, www.ongava.com).
Auf einer Anhöhe 9 km vor dem Andersson Gate (Südtor) bieten Restaurant und Bungalows der €€ **Etosha Safari Lodge** einen herrlichen Blick über die Buschlandschaft. Die 65 Doppelzimmer-Chalets sind mit Klimaanlage und Moskitonetz ausgestattet. Neben 3 Schwimmbecken, Restaurant und Bar gibt es ein Holzdeck für Sundowner hoch über dem Buschland (Tel. 061 42 72 00, www.gondwana-collection.com).

5 Katima Mulilo

Die 46 000-Einwohner-Stadt ist ein idealer Ausgangspunkt für Touren in den **Caprivi-Zipfel** TOPZIEL und über die Landesgrenzen hinaus (s. rechts). Von hier starten u. a. die Touren zu den Victoriafällen (210 km) an der Grenze von Sambia zu Simbabwe, in den Chobe-Nationalpark (70 km) und ins Okavango-Delta in Botswana (350 km).

Der Caprivi-Zipfel ist die einzige Region Namibias, die fast ausschließlich in den Tropen liegt. Mehrere ganzjährig wasserführende Flüsse wie der Okavango, der Kwando und verschiedene Nebenarme des Sambesi machen den Caprivi-Zipfel zu einer sehr wildreichen Region. Allerdings sind in der Regenzeit (Dez.–März) viele Pisten nur sehr schwer befahrbar. Dann herrscht auch erhöhte Malaria-Gefahr!

SEHENSWERT
Der **Mudumu-Nationalpark** ganz im Osten bei Katima Mulilo ist ein mehr als 1000 km² großer, sehr wildreicher Park. Im Südwesten

Tipp

Außer Landes

Einige Ausflüge sollten auch über die namibische Landesgrenze hinaus führen, etwa zu den spektakulären 6 **Victoriafällen**, vom Caprivi-Zipfel in einer Halbtagesreise an die Grenze von Sambia zu Simbabwe zu erreichen.
Ein Ausflug in den 7 **Chobe-Nationalpark** lohnt sich vor allem wegen der enormen Elefantenpopulation mit mehr als 100 000 sensiblen Dickhäutern; von Katima Mulilo benötigt man ca. 2 Std. bis an die nördl. Parkgrenze bei Kasane. Eine Safari im Nordwesten von Botswana, im 8 **Okavango-Delta**, bietet Natur pur. Hier versickert der Okavango-Fluss im Sand des Kalahari-Beckens und schafft dabei eine einzigartige Flora und Fauna. Das Delta beherbergt 1300 Pflanzen-, mehr als 70 Fisch-, 33 Amphibien-, 64 Reptilien-, 440 Vogelarten sowie 122 Arten von Säugetieren. Im Delta sowie an dessem Rand gibt es einige sehr schöne, nicht ganz billige Lodges in atemberaubender Natur. Zur Fortbewegung im Delta bedient man sich entweder des Einbaums (*mokoro*) oder des Flugzeugs. Den höchsten Wasserstand erreicht das Delta genau dann, wenn im übrigen Botswana Trockenzeit herrscht.

Tipp

Wildlife pur

Im 9 **Khaudum National Park** an der Grenze zu Botswana erwartet den Besucher Afrika-Abenteuer pur. Völlig abgeschieden vom Rest des Landes, trifft man hier noch auf fast unberührte Landschaften und eine Vielzahl von Tieren, darunter Elefanten, Löwen, Leoparden, Antilopen sowie rund 320 verschiedene Vogelarten. Im nicht eingezäunten Park gibt es so gut wie keine Infrastruktur, nur zwei spartanische Buschcamps: Khaudum im Norden, Sikereti im Süden. Wasser, Essen, Benzin und Feuerholz muss jeder selbst mitbringen. Der Besuch des Khaudum National Parks ist nur in den trockenen Wintermonaten zwischen Juni und Oktober zu empfehlen, die Fahrt nur mit mindestens zwei Autos gestattet. Eine rechtzeitige Reservierung ist unerlässlich, da gerade zur Ferienzeit alle Quartiere oft schon Wochen im Voraus ausgebucht sind.

Namibia Wildlife Resorts (NWR), Central Reservations Office, Tel. 061 2 85 72 00, www.nwr.com.na

des Caprivi-Zipfels liegt der **Nkasa-Lupala-Nationalpark** an den Flüssen Kwando und Linyanti. Während der Trockenzeit können die Inseln über Wege im Park erreicht werden; nach Regenfällen ist der Park zu 80 % mit Wasser bedeckt.
Der 6100 km² große **Bwabwata-Nationalpark** (s. a. S. 18) am Eingang zum Caprivi-Zipfel ist aus dem einstigen Caprivi Game Park hervorgegangen.

UNTERKÜNFTE

Die 24 Bungalowzimmer der €€€ **Namushasha River Lodge** am Kwando-Ufer, ca. 12 km vom Mudumu-Nationalpark, schmiegen sich idyllisch ins Grün. Die Lodge bietet u. a. Nachtfahrten im Boot oder Jeep, um etwa Krokodile nah zu erleben (Tel. 061 42 72 00, www.gondwana-collection.com).
Etwa 28 km südl. von Kongola liegen die 13 Zelte und 6 Hochbungalows des €€€ **Camp Kwando** direkt am Fluss. Von den Betreibern werden Pirschfahrten angeboten sowie Besuche im Lizauli Traditional Village (Tel. 081 1 49 14 35, www.campkwando.com).
Die €€ **Zambezi Mubala Lodge** südl. von Katima Mulilo im Caprivi-Streifen bietet komfortable Doppel- und Familienzimmer mit Dusche und WC direkt am Sambesi. Flusspferde grunzen, Fischadler kreischen, ein Traum für Vogelliebhaber. Zwischen Aug. und Dez. nistet hier eine der größten Kolonien Karminroter Bienenfresser (Tel. 061 42 72 00, www.gondwana-collection.com).

SAFARI PER ELEKTROBOOT

Das Elektroboot taumelt und schwankt. Riesige Wellen erfassen seinen Bug. Wir thronen auf dem Deck und blicken gebannt auf das Geschehen. Nur 15 Meter von uns entfernt zieht eine Elefantenherde von fast einem Dutzend Tieren durch den Fluss. Die mächtigen Leiber stehen bis zu den Ohren im Wasser, die Rüssel ragen heraus wie Antennen.

Wer einmal eine solche Szene gesehen hat, der wird sie nicht wieder vergessen. Nirgendwo sonst in Namibia kommt man wilden Tieren so nah wie im Caprivi-Streifen. Die Kazile Island Lodge am Kwando-Fluss bietet spektakuläre Tierbeobachtungen zu Wasser und zu Land.

Für die Lodge-Betreiber ist Nachhaltigkeit kein Lippenbekenntnis. Beim Bau der erst 2017 eröffneten Lodge wurden nur Mitglieder der lokalen Volksgruppen Mafwe und Mbukushu angestellt. Seit die Lodge in Betrieb ist, arbeiten hier regelmäßig 18 Einheimische. „Einen funktionierenden Tourismus kann es nur geben, wenn die lokale Bevölkerung davon profitiert", heißt es von den Betreibern.

Die Kazile Island Lodge setzt auf nachhaltige Safari-Erlebnisse.

Das Camp kauert sich auf eine Waldinsel im Schwemmgebiet des Kwando-Flusses. Energie und Warmwasser werden durch Sonnenenergie gewonnen. Das Camp ist nur per Elektroboot zu erreichen. Wenn man am Nachmittag mit dem Boot aufbricht, beobachtet man Elefantenherden von biblischer Größe. Im Wasser seufzen Flusspferde. Vor einer Gruppe hat unser Guide solchen Respekt, dass er lange anhält, bevor er die Tiere passiert. Das vorsichtige Verhalten ist ökologisch begründet, wie eigentlich alles hier. „Sie sollen uns ja als Freunde in Erinnerung behalten."

Kazile Island Lodge: Die Lodge wird wie die nur wenige Flusskilometer entfernte Nambwa Tented Lodge von African Monarch Lodges betrieben. Eine Übernachtung im Doppel-Zeltchalet kostet je nach Jahreszeit ab etwa 260 € pro Person.
African Monarch Lodges: Tel. 081 1 25 21 22, www.africanmonarchlodges.com

Swakopmund/Umgebung

*

NAMIBIAS SOMMERFRISCHE

*

Kilometerlange Sandstrände wie auf Rügen, wilhelminische Prachtbauten wie in Berlin: Swakopmund, das sich in den letzten Jahren gewandelt hat, könnte man als das südlichste deutsche Seebad bezeichnen. Hier ist es viel kühler als im Rest des Landes. In der Umgebung hat die Erosion faszinierende Steinformationen geschaffen.

Südöstlich der Spitzkoppe, auf der Ameib Rand in der Nähe von Usakos, hat sich diese Laune der Natur geformt.

Das schon von Weitem an seinem markanten Turm erkennbare Woermann-Haus entstand in den Jahren 1903/1904 und war einst Sitz der damals bedeutendsten Import-Export-Gesellschaft in Südwestafrika.

Sushi in Swakopmund? Warum nicht? Im Restaurant Jetty auf der Landungsbrücke gibt's auch japanisch zubereiteten rohen Fisch – getoppt nur vom grandiosen Meerblick.

Das im Jahr 1906 errichtete Hohenzollernhaus war zunächst ein Hotel. Heute werden hier Appartements vermietet.

Erinnerung an längst vergangene Zeiten: Bismarckstraße in Swakopmund

Hererofrauen

Zwischen den Kulturen

In den Trachten der Hererofrauen spiegelt sich die wechselvolle Geschichte des Landes wider. Ihre bunten Gewänder sind den Kleidern deutscher Missionarsfrauen nachempfunden, das zu einem Dreieck gebundene Kopftuch verweist auf die eigene Kultur.

In Namibia erzählt man sich, die Missionarinnen hätten den Hererofrauen vor allem deshalb das Schneidern der bunten Kleider beigebracht, damit die Sinne ihrer eigenen Männer nicht von spärlich bekleideten afrikanischen Schönheiten verwirrt werden konnten. Die beiden nach rechts und links abstehenden, mal in ausladender, mal in weniger breiter Form getragenen Kopftücher symbolisieren die Hörner eines Stiers. Bis heute gilt bei den Herero das Vieh als Symbol für Reichtum und Ansehen.

Während der Kolonialzeit erwiesen sich die Herero als zähe Gegner der deutschen Herrschaft. Doch beim Aufstand am Waterberg im Jahr 1904 kamen geschätzt mehr als 80 Prozent der Herero ums Leben. Die verbliebenen verschlug es in alle Winde. Inzwischen leben wieder rund 120 000 Herero in Namibia.

Erfrischend selbstbewusst: Hererofrau(en)

Der Himmel hängt tief über den Dächern von Swakopmund. Über den Kirchturmspitzen wabern dichte Nebelschwaden. Vom Meer her weht eine salzige Brise. Die ganze Stadt überzieht ein Flaum aus feinen Wasserperlen, die Kleider werden klamm.

Hier an der afrikanischen Küste hat die Kolonialzeit unübersehbare Spuren hinterlassen: wilhelminische Giebel, die auf den Häusern thronen, Walmdächer und Jugendstilfassaden allenthalben. Namen wie „Altes Amtsgericht“, „Schlachterei“ und „Deutsche Oberschule“ erinnern bis heute an die Kaiserzeit.

Doch Swakopmund ist nicht nur die „deutscheste Stadt Namibias“, sondern auch die beliebteste Sommerfrische des Landes. Zwar spült der Benguela-Strom Wasser von arktischer Kälte an die Küste, sodass die Luft an mehr als 300 Tagen im Jahr zu Nebel kondensiert. Aber meist lösen sich die Nebelschwaden schon am Vormittag auf, und bald darauf strahlt wieder die afrikanische Sonne vom Himmelszelt.

AUS PLANKEN ERWACHSEN

Die deutsche Kolonialzeit in Namibia war eine kurze, aber intensive Epoche. Und sie ist eng verbunden mit Swakopmund. Im Jahr 1892 landete das deutsche Kanonenboot SMS Hyäne an der süd-

Mangelt es dem Snowboarder am Snow, landet er eben im Sand. Jedenfalls dann, wenn er Glück und die Düne mehr oder weniger vor der Haustür hat. Andere erproben im Sand ihre Allradfahrerqualitäten und kommen dabei hoffentlich weder sich selbst noch den Sandboardern in die Quere.
Dass das Strandleben in Swakopmund gute Laune macht, muss hier nicht extra betont werden – ein Lächeln sagt mehr als tausend Worte (unten).
Nicht der Strände wegen, sondern aus einem ganz profanen Grund ist das Schiff nach Walvis Bay gekommen (unten rechts): Es wird dort repariert.

westafrikanischen Küste und dokumentierte des Kaisers kolonialen Anspruch, indem die deutschen Schutztruppler nördlich der Mündung des Swakop-Flusses mit Holzplanken eine mögliche Landestelle für ihre Schiffe markierten. Am 12. September 1892 legte der Reichskommissar und Befehlshaber der Schutztruppe, Hauptmann Curt von François, den Grundstein für die Stadt.

Zwei Jahre später nahm die Hamburger Reederei Woermann den regelmäßigen Schiffsverkehr zwischen Europa und Afrika auf, 1899 wurde Swakopmund an das Überseekabel von Kapstadt nach Großbritannien angeschlossen. Nur zehn Jahre nach seiner Gründung war Swakopmund bereits eine Ansiedlung mit 2000 Einwohnern – und angebunden an die große, weite Welt.

NAMIBIA WIRD UNABHÄNGIG

Zu Beginn des Ersten Weltkriegs wurde Deutsch-Südwest von britischen Truppen besetzt. 1919 stellte der Völkerbund die einstige deutsche Kolonie unter die Verwaltung der Südafrikanischen Union. Mehr als 70 Jahre lang stand das Land danach unter dem Einfluss Südafrikas. Erst 1989 zogen die letzten Soldaten ab; bei den Wahlen gewann die SWAPO 41 Sitze, die „Demokratische Turnhallenallianz" (DTA) erreichte 21 Sitze, und am 21. März 1990 wurde offiziell Namibias Unabhängigkeit erklärt.

In den dreieinhalb Jahrzehnten danach ist viel geschehen, im Land wie in Swakopmund. Ab 2001 wurden die ersten Straßen umbenannt – die zentrale Kaiser-Wilhelm-Straße wandelte sich etwa zur Sam Nujoma Avenue. 2009 änderte man sogar das Wappen der Stadt: Die im Herzschild gezeigte schwarz-weiß-rote deutsche Reichsflagge wurde durch das Wappen Namibias ersetzt. Wer heute durch die Stadt spaziert, sieht, dass der Veränderungsprozess noch immer im Gang ist. Zwar wirkt die Altstadt nach wie vor recht beschaulich: eine Puppenstubenstadt am Atlantik mit von feinstem Jugendstil gesäumten Straßen

Durchblick: An Zuckerhüte erinnern die Kegel der (1728 Meter) Großen und (1584 Meter) Kleinen Spitzkoppe, ein faszinierender Skulpturengarten der Erosion.

Immer wieder kommen sie unterwegs in den Blick, auch vor der Spitzkoppe: Strauße mit wogender Federpracht.

und Denkmälern auf grünem Rasen. Nur ein paar Blocks weiter geht es wesentlich bunter zu – in der Township Mondesa. Sie entstand gegen Ende der 1950er-Jahre als erste von vier Siedlungen dieser Art. Während der Apartheid brauchte Swakopmund viele Arbeitskräfte, um den hohen Lebensstandard der Weißen zu sichern, und so diente Mondesa mehrere Jahrzehnte lang als Unterkunft für die männlichen Arbeiter. Die lockte man zwar zum Arbeiten nach Swakopmund, man verbot ihnen aber, ihre Familien mitzubringen. Das machte die Township für lange Zeit zu einem sozialen Brennpunkt, an dem es immer wieder zu Konflikten kam.

Erst mit Ende des Apartheid-Regimes durften die Arbeiter, von denen die meisten aus dem Ovamboland im Norden Namibias stammten, endlich ihre Frauen und Kinder nachholen. Bald platzte die Township aus allen Nähten. Inzwischen wird in Mondesa fast an jeder Ecke gebaut. Geteerte Straßen entstehen und moderne Steinhäuser, aus deren geöffneten Fenstern oft bis tief in die Nacht Musik und Stimmengewirr klingen.

SWAKOPMUND WIRD BUNT

Im Stadtzentrum sprießen private Unternehmen, die Outdooraktivitäten wie Skydiving Sandboarding oder Quad-Biken anbieten, wie Pilze aus dem Boden. Auch Ausflüge in die Dünen oder an die Skelettküste, wie zur unweit gelegenen Robbenkolonie von Cape Cross, starten hier. Der Tourismus boomt. Ein Grund dafür ist die stark verbesserte Verkehrsanbindung: Zwischen Windhoek und Swakopmund verkehren Linienflugzeuge. Auch die Autoverbindung ist exzellent. Die B 1 zwischen Windhoek und Okahandja wurde mittlerweile zur Autobahn ausgebaut, die B 2 von Okahandja nach Swakopmund ist ebenfalls asphaltiert und gut befahrbar.

Seit 2015 erfreuen auch zwei hochmoderne Hotels die Gäste: „The Delight" der Gondwana Collection und das „Strand Hotel" der Gruppe Ohlthaver & List. Als Letzteres eröffnet wurde, drängten sich die Besucher in der großzügigen Lobby. Einhelliges Lob: Ein solches Haus auf Vier-Sterne-Niveau steht Swakopmunds Hafenmeile sehr gut zu Gesicht. Fast alle 125 Zimmer bieten einen Blick auf den Atlantik. Im „Ocean Cellar" servieren die Kellner Sushi, Sashimi, Austern und jede Menge frischen Fisch aus dem Atlantik. Im „Café Mole" im Stil der 1950er-Jahre genießen die Gäste hausgemachtes Eis. Gastronomisches Highlight aber ist das „Farmhouse Deli" mit seiner offenen Küche, in der vor den Augen der Gäste ausgezeichnete internationale Gerichte zubereitet werden. Mehr als 21 Millionen Euro hat der Bau gekostet.

HOCH IM KURS

Swakopmund ist nicht nur bei Einheimischen beliebt, die in der heißen Jahreszeit die Hitze der Wüste gegen die Frische des Atlantiks eintauschen möchten. Auch bei ausländischen Touristen steht Namibias mondänes Küstenstädtchen mit seinen Kolonialfassaden, dem Strand, den Dutzenden Restaurants, Bars und Kneipen und dem riesigen Freizeitangebot hoch im Kurs. Bei beinahe jeder Rundreise wird Swakopmund besucht.

IN SWAKOPMUND TAUSCHEN REISENDE DIE HITZE DER WÜSTE GEGEN DIE FRISCHE DES ATLANTIKS EIN.

Die schönsten Panorama-Lodges

WAS FÜR EINE AUSSICHT!

In keinem anderen afrikanischen Land gibt es so viele Unterkünfte an so fantastischen Orten wie in Namibia. Ob in der Weite der Wüste Namib, am Rand der Etosha-Pfanne oder am Fish River Canyon im äußersten Süden: Namibias Unterkünfte verzaubern vielfach schon durch ihre Lage. Wir stellen Ihnen hier die spektakulärsten Lodges vor.

6

1

1 Serra Cafema

Am Hochufer des Kunene-Flusses an der Grenze zu Angola liegt eines der abgeschiedensten Camps des Landes. Serra Cafema ist in Form und Bauweise den Kralen der ortsansässigen Himba nachempfunden. Die acht Zeltchalets verbinden rustikales Flair mit modernem Komfort. Von allen bietet sich ein fantastischer Ausblick über den Kunene-Fluss und die wilde Landschaft des Kaokovelds.

Wilderness Safaris, Tel. +27 1 1 57 50 00, www.wildernessdestinations.com

2 Okahirongo Elephant Lodge

Die sieben Chalets der Okahirongo Elephant Lodge, hoch über der Himba-Siedlung Purros, gehören zum Schönsten, was Namibia zu bieten hat. Von der Terrasse fällt der Blick in das Bett des Hoarusib. In seinem Flusstal äsen Oryx-Antilopen, Springböcke, Giraffen und Wüstenelefanten unter riesigen Ana-Bäumen. Mit etwas Glück kann man sogar die seltenen Wüstenlöwen beobachten. Abends speist man traumhaft unter freiem Himmel.

Okahirongo Elephant Lodge, www.sanctuaryretreats.com

3 Nambwa Tented Lodge

Kann eine Unterkunft spektakulärer liegen? Auf vier Meter hohen Stelzen thront die Nambwa Tented Lodge auf einer Waldinsel im saisonal überfluteten Schwemmland des Kwando-Flusses im Herzen des Bwabwata-Nationalparks. Der Blick auf den Fluss ist einfach nur grandios. Wem die zehn exklusiven Zelt-Suiten zu teuer sind, für den gibt es auch einen Campingplatz mit allem, was für Selbstversorger wichtig ist.

Nambwa Tented Lodge, Tel. 081 1 25 21 22, www.africanmonarchlodges.com

4 Onkoshi

Die 15 luxuriösen Chalets der staatlichen Lodge liegen 34 Kilometer nördlich von Namutoni an einem der unzugänglichsten Orte des Etosha-Nationalparks. Hin und wieder stakst eine Oryx- Antilope auf der brüchigen Oberfläche der Etosha-Pfanne vorbei, oft sieht man Zebras und Springböcke, manchmal sogar Löwen. Aber man begegnet hier kaum einer Menschenseele. Die Übernachtung ist nicht ganz billig, aber wer sich in Onkoshi einbucht, dem kommt es so vor, als hätte er Etosha ganz für sich.

Namibia Wildlife Resorts, Tel. 064 6 12 85 72 00, www.nwr.com.na

5 Onduli Ridge

Was für ein Anblick! Am Horizont erhebt sich mächtig Namibias höchster Berg, der Brandberg. Davor versinkt die Sonne feuerrot hinter den Granitkuppen. Die jüngst eröffnete Onduli Ridge Lodge bei Twyfelfontein ist eine der schönsten Unterkünfte Namibias. Die sechs Chalets liegen zwischen riesigen Felsblöcken. Die Betten haben Rollen – für eine Nacht unter Namibias grandiosem Sternenhimmel.

Onduli Ridge Camp, Tel. 061 24 81 37, www.ultimatesafaris.na

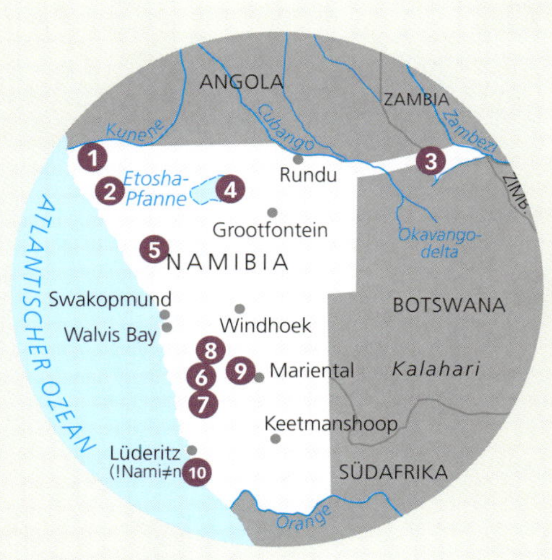

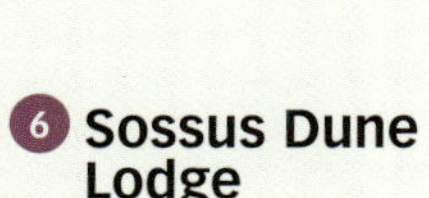

6 Sossus Dune Lodge

Ruhe, Weite, Einsamkeit: Die 25 großzügig gestalteten Chalets am Rand der Dünen von Sossusvlei fügen sich nahtlos in die Namib ein. Der Blick auf das Sandmeer ist unübertrefflich. Die beste Zeit in der Sossus Dune Lodge sind die Abendstunden: Am Gin Tonic nippen, köstlich speisen und danach in die Sterne gucken – das ist in jeder Hinsicht eine einzigartige Kombination.

Namibia Wildlife Resorts,
Tel. 064 6 12 85 72 00,
www.nwr.com.na

7 Wolwedans

Mitten in der Unermesslichkeit der Namib hat ein cleverer Deutsch-Namibier das geschaffen, was man als Tourist einen Traum nennt: ein Privatreservat, fast so groß wie das Saarland, mit so geschickt angelegten Unterkünften, dass man als Gast die Weite der Wüste quasi für sich allein hat (s. a. S. 42). Wer in einem der fünf exklusiven Camps unterkommt, der residiert am Rand der Wüste – oder besser gesagt: mittendrin.

Wolwedans Collection,
Tel. 021 8 76 21 53,
www.wolwedans.com

8 Namib Dune Star Camp

Neun Chalets liegen auf Stelzen über den Versteinerten Dünen, etwa 60 Kilometer nördlich von Sesriem an der C 19 im Gondwana Namib Park. Der Blick über die traumhafte Dünenlandschaft ist atemberaubend. Das Highlight ist die Übernachtung untem Sternenhimmel, denn im Dune Star Camp lassen sich die Betten nachts auf die Terrasse rollen.

Namib Dune Star Camp,
Tel. 061 24 00 20,
www.gondwana-collection.com

4

9 Red Dunes Lodge

Die Schönheit der Red Dunes Lodge ist kaum in Worte zu fassen: Die zwölf 2022/2023 komplett renovierten Gästehäuser liegen malerisch am Rand einer Lehmpfanne zwischen den unendlichen Dünenketten der Kalahari. Die Chalets sind auf Stelzen errichtet und mit Fußböden aus Teakholz ausgestattet. In dem 4000 Hektar großen privaten Wildschutzgebiet leben Giraffen, Elenantilopen, Zebras, Impalas, Springböcke, Oryx, Kudus, Gnus und Rote Kuhantilopen.

Red Dunes Lodge,
Tel. 061 24 00 20,
www.ondili.com

10 Fish River Lodge

Geht es nach dem Weitblick, dann ist die Fish River Lodge die unübertroffene Nummer eins in Namibia. Mit 19 quaderförmigen Chalets fügt sich die Designer-Lodge perfekt in die Natur des Fish River Canyons ein. Sie ist darüber hinaus die einzige, die direkt am Rand der Schlucht liegt und einen herrlichen Ausblick in die wunderbare Natur gewährt. Von den Betten aus genießen die Gäste jeden Morgen ein schier unglaubliches Kaleidoskop an Farben.

Fish River Lodge,
Tel. 064 61 22 81 04,
www.fishriverlodge-namibia.com

Damaraland
Petrified Forest
Vingerklip Rock
Khorixas
Twyfelfontein
Burnt Mountain
Organ Pipes
Okonyenya
Brandberg-West
Nature reserve
White Lady
2574
Brandberg
Goboboseb-berge
Main Gate
Durissa Bay
Uis
Okombahe
Omangambo
Ozondati
Omatjette
Eisenberg
1689
Otuwe
Epako
Okakombo
Omaruru
Etemba
Paula's Cave
Franke Tower
Erongoberg
Okanono
Erongo
2332
Phillip's Cave
Ameib
Etiro
Karibib
Albrechts
Kranzberg
Usakos
Messum
Bocock's Bay
Messum Crater
(726)
Seal Reserve
Cape Cross
43
713
Dorob
Autsib
Spitzkoppe
1728
Spitskop
Omaruru
Cape Farilhao
Henties Bay
National Park
Schakalspütz
Ebony
Stinkbank
Khan
1989
Otjipatera-berg
Trekkopje
Wlotzkasbaken
Rock Bay
Swakopmund
Namib
Arandis
Rössing
Goanikontes
Moon Landscape
Welwitschia Plains
Welwitschia-vlakte
Tsaobis Nature Park
Otjimbingwe
344
Swakop
Gawib
Witwaters-berge
1861
Bosua Pass
Walvis Bay
Pelican Point
Rand Rifles
Rooikap
Tumos
Grootberg
1846
Diepkuil
527
Vogelfederberg
Gross Ubib
Ruimte
Rooibank
Sandwich Bay
Sandwich Harbour
Ilhea Point
Namib-Naukluft National Park
Namib Desert
Kuiseb Pass
Kuiseb Canyon
Berghof
Gaub Pass
Gaub
Gobabed
Hudaob
Kuiseb
Spreetshoogte Pass
Ubib
Tinkie
Rantberg
Black Cliff
Conception Bay
Solitaire
Noab
Diep
Koigab
Huab
Ugab
Aba-Huab
C33
C34
C35
C36
C28
C14
C26
B2
400
120
115
102
178
64
55
53
33
96
67
145
35
155
161
73
82
1
2
3
4
5
6
Maßstab 1:1.500.000
0
40 km

KLEINE FLUCHTEN

Die Lage von Swakopmund, Walvis Bay und Henties Bay an den Gestaden des Atlantiks macht die Küstenregion im Südsommer zwischen Oktober und März zu einem begehrten Ziel für viele Einheimische. Aber auch Touristen schätzen die Fluchtpunkte an der Küste zum Verschnaufen, ehe es wieder in die heißen Wüstenregionen des Landes geht.

1 Walvis Bay

Walvis Bay (102 000 Einw.) liegt etwa 30 km südl. von Swakopmund, ist der bedeutendste Seehafen Namibias und die drittgrößte Stadt des Landes.

SEHENSWERT

Die im Jahr 1870 in Hamburg als Fertigbau errichtete, in Einzelteilen nach Walvis Bay verschiffte und zunächst 1880 am Hafen aufgestellte **Rheinische Missionskirche** steht seit 1960, als der Hafen vergrößert wurde, an der Ecke 5th Street und Hage Gaingob Street. Sie gilt als Nationales Denkmal. Sehenswert ist auch die alte **Lokomotive „Hope"** am Bahnhof in der 5th Street.

Ein lohnendes Ziel in der Nähe ist die **Lagune** südl. der Stadt. Sie bietet bis zu 160 000 Vögeln Schutz, darunter dem seltenen Rotband-Regenpfeifer, Seeschwalben und Flamingos.

Von Walvis Bay starten auch **Touren zu Robben und Delfinen** sowie zur Guano-Plattform Bird Island.

ERLEBEN

Mit dem **Sandboard** die Dünen hinunterzurasen ist das ultimative Abenteuer zwischen Walvis Bay und Swakopmund. Bis zu 80 km/h erreichen Wagemutige auf den Boards (www.charlysdeserttours.com). Nervenkitzel pur verspricht auch eine Fahrt mit dem **Quad-Bike** – dem meist mit dicken Ballonreifen ausgestatteten Geländefahrzeug – durch die Dünen zwischen Walvis Bay und Swakopmund (www.namibiadesertexplorers.com).

Eine der beliebtesten Freizeitbeschäftigungen, das **Angeln**, kommt ohne größere Adrenalinschübe aus – abgesehen natürlich von der Freude über den stolzen Fang: Catfish (Kabeljau), Steenbras (Weißfisch), Galjoen (Schwarzfisch) oder eine der verschiedenen Haiarten (www.aquanauttours.com).

Tipp

Bootstrip

Der ideale Kontrast zur Trockenheit in der Wüste ist ein Ausflug mit dem Boot zu Delfinen, Pelikanen und Walen. Der Bootstrip in die Lagune von Walvis Bay sowie auf den Atlantik dauert etwa 3,5 Stunden und führt zu Großen Tümmlern, Robben, Mondfischen und Schildkröten – zwischen Juli und November mit etwas Glück sogar zu Südlichen Glattwalen. Auf der Rückfahrt nach Walvis Bay servieren die Gastgeber an Bord frische Austern mit Zitrone und Tabasco sowie Champagner.

Mola Mola Tours, Tel. 081 1 27 25 22, www.mola-namibia.com

2 Sandwich Harbour

Die 10 km lange Lagune 42 km südl. von Walvis Bay ist ein bedeutendes Feuchtgebiet und Heimat einer riesigen Vogelkolonie mit bis zu 450 000 Tieren, darunter Flamingos, Seeschwalben, Kormorane, Pelikane und viele andere seltene Wasservogelarten. Sie kann nur tagsüber mit dem Boot oder Allradfahrzeug über eine tiefe Sandpiste erreicht werden, da sie zum Namib Naukluft Park gehört.

INFORMATION

Walvis Bay Municipality, Tel. 064 2 01 31 11, www.walvisbaycc.org.na

3 Swakopmund

Die Stadt **Swakopmund TOPZIEL** hat heute rund 76 000 Einwohner und liegt an der Mündung des Swakop-Flusses in den Atlantik. Das milde Küstenklima macht Swakopmund vor allem im Südsommer (Okt.–März) zu einem beliebten Ausflugsziel. Wegen des arktischen Benguela-Stroms ist sie in den Morgenstunden oft nebelverhangen. Das macht aber kaum etwas, denn das Meer ist ohnehin nicht zum Baden geeignet. Die Temperaturen des Atlantiks bewegen sich meist zwischen 12 und 16 °C.

Wahrzeichen der Stadt: Der 21 Meter hohe Leuchtturm von Swakopmund hat eine Reichweite von 35 Seemeilen und ist trotz der Versandung des Hafens immer noch in Betrieb.

SEHENSWERT/MUSEUM

Ein Stadtrundgang beginnt am besten in der Sam Nujoma Av. am **Woermann-Haus.** Von dort ist man in wenigen Minuten am **Hohenzollernhaus** von 1906, dessen Fassade gern als „neobarock" beschrieben wird; neo stimmt sicherlich. Weiter geht es über das **Alte Amtsgericht** von 1908 an der Kreuzung zwischen Garnison- und Bahnhofstraße zum bereits sieben Jahre früher errichteten **Bahnhof,** der zum Luxushotel umgebaut wurde. Sehenswert ist auch die 1911 erbaute evangelisch-lutherische **Kirche.** Spaziert man von dort in Richtung Meer, gelangt man zum schmucken **Leuchtturm** der Stadt. Nur einen Steinwurf ist es von dort zum Pier. Der „Jetty", wie die Swakopmunder ihn gern nennen, wurde 1911 gebaut und beherbergt heute ein Fischrestaurant. Gleich nebenan trifft man auf den noblen Komplex des Strand-Hotels.

Das **Swakopmund Museum** zeigt Exponate zur Archäologie, Mineralogie, Botanik, Ur- und Frühgeschichte, aber auch zur deutschen Kolo-

Unterwegs in Swakopmund: Portier vor dem Hansa Hotel (links); im Café Anton (ganz links); Sonnenuntergang über der Landungsbrücke (unten)

nialzeit (Tel. 064 40 20 46). Einen Besuch wert ist auch die **Kristallgalerie** an der Ecke Tobias Hainyeko/Theo-Ben Gururab Street (Tel. 064 40 60 80, www.namibiangemstones.com). Dort sind Mineralien aus allen Landesteilen ausgestellt. Das **National Marine Aquarium** direkt an der Strandpromenade zeigt die großartige Fischwelt des Benguela-Stroms, darunter viele Haie (Tel. 064 4 10 12 14; bis Ende 2024 wegen Renovierung geschl.).

RESTAURANTS

Ein skurriler Treffpunkt ist das **€ Café Anton** im Hotel Schweizerhaus in der Bismarckstraße. Hier werden in typisch deutscher Atmosphäre Schwarzwälder Kirschtorte, Bienenstich und Apfelkuchen serviert (Tel. 064 40 03 31, www.schweizerhaus.net).

„Hopfen und Malz, Gott erhalt's", lautet der richtungsweisende Spruch an der Wand im direkt im Zentrum gelegenen **€€ Swakopmund Brauhaus**. Daran hält man sich auch: Es gibt selbst gebrautes und importiertes Bier – sogar Erdinger Weißbier (Tel. 064 40 22 14, www.swakopmundbrauhaus.com).

Ab 8 € gibt es in **€€ Kücki's Pub** vorzügliche Wildgerichte und gute südafrikanische Weine. Der Abend endet meist einen Stock höher, an der Bar, bei deutschen Schlagern und einem kühlen Windhoek Lager (Tel. 064 40 24 07, www.kuckispub.com).

Exzellente Fischgerichte und tolle Aussicht über den Pier von Swakopmund bietet **€€ The Tug** im ausgedienten Schlepper, der zum feinen Restaurant umgebaut wurde (Tel. 064 40 23 56, www.the-tug.com).

Die Nähe zum Wasser am Ende des Swakopmunder Piers erklärt auch die Speisekarte des ausgezeichneten **€€€ Jetty 1905**: Auf der Karte finden sich vor allem frischer Fisch, Meeresfrüchte und verschiedene Arten von Sushi (Tel. 081 3 80 35 95, www.lhg.na/jetty-1905/).

UNTERKÜNFTE

Von den auf bis zu 5 m hohen Stelzen stehenden Bungalows des **€ The Stiltz B&B** bietet sich ein fantastischer Ausblick über die Stadt, die Dünen und das Delta des Swakop-Flusses (Tel. 064 40 07 71, www.thestiltz.com).

Beschauliche Ruhe, das ist das Motto für Gäste des **€ Swakopmund Guesthouse**. Sie können hier gemütlich in einem der hängenden Korbstühle vor dem Haus schaukeln. Die Zimmer sind relativ klein, aber alle sehr sauber und überaus gemütlich (Tel. 064 46 20 08, www.swakopmund guesthouse.com).

16 im viktorianischen Stil eingerichtete Zimmer bietet das zentral gelegene **€€ Hotel Eberwein** – und für Hochzeitspaare eine Honeymoon-Suite (Tel. 064 41 44 50, www.hotel-eberwein.com).

Ein zeitloser Klassiker ist das **€€€ Hansa-Hotel**. Das Haus wurde 1905 gebaut. Von hier sind es nur ein paar Schritte zu allen Sehenswürdigkeiten (Tel. 064 41 42 00, www.hansahotel.com.na).

Zu den stilvollsten Unterkünften der Stadt gehört das luxuriöse **€€€ Swakopmund Hotel** mit Kino und Spielkasino. Von den meisten Zimmern blickt man auf den Garten und das Schwimmbad. Exzellente Küche (Tel. 064 4 10 52 00, www.legacyhotels.co.za).

Die 44 Zweibett- und 10 Familienzimmer des Design-Hotels **€€ The Delight** im Zentrum sind individuell eingerichtet und teilweise knallbunt. Dafür verantwortlich ist der junge Architekt Sven-Erik Staby. Alle Zimmer sind mit Klimaanlage, En-suite-Badezimmer und kostenlosem WLAN ausgestattet (Tel. 061 42 70 00, www.gondwana-collection.com).

Das 2015 eröffnete **€€€ Strand Hotel** mit seinen 125 Zimmern – ein Großteil davon mit Meerblick – gilt als Hotel der Referenzklasse in Swakopmund. Das Vier-Sterne-Haus an der historischen Mole ist von drei Seiten vom Atlantik umgeben und verfügt über einen riesigen Spa-Bereich, Fitness-Center, Therapieräume, Sauna, Relaxing-Lounge, mehrere

Tipp

Naturwunder

Welwitschia – der Methusalem unter den Pflanzen der Namib – besteht in der Regel nur aus zwei Blättern. Diese können mehr als 2,50 m lang werden. Das Wurzelwerk breitet sich unterirdisch über bis zu 15 m aus. Die in Namibia und im südlichen Angola endemische Pflanze kann ein Alter von bis zu 2000 Jahren erreichen. Der österreichische Arzt und Botaniker Friedrich Welwitsch entdeckte das erste Exemplar im Jahr 1859 in der Nähe von Cabo Negro in Angola. Ein guter Ort, um die Pflanzen zu bestaunen, ist der **Welwitschia-Trail** östlich von Swakopmund. Die Route ist ausgeschildert und beschreibt an vielen Stationen die Flora, Fauna und Geologie der Namib.

Konferenzräume, 3 Restaurants, 2 Bars und eine eigene Brauerei (Tel. 064 4 11 43 08, www.strand hotelswakopmund.com).

4 Dorob-Nationalpark

Das Schutzgebiet erstreckt sich zwischen dem Namib Naukluft Park im Süden und dem Skelettküsten-Nationalpark im Norden über mehr als 200 km entlang der Küste Namibias. Es ist ein Dorado für zahlreiche seltene Pflanzen und Tiere, vor allem Vögel. Hunderte von Flechtenarten sind in der Gegend registriert worden, die nur aufgrund des Nebels von der Küste in der Wüste überleben können.

5 Henties Bay

Der Ort entstand in den 1950er-Jahren aus einer Ansammlung von Bretterbuden am südlichen Ende der Mündung des Omaruru-Trockenflusses, 70 km nördl. von Swakopmund. Heute ist Henties Bay ein vor allem bei Anglern beliebter Wohn- und Ferienort; an Weihnachten und Neujahr kann sich die Einwohnerzahl schon mal verzehnfachen.

UNTERKUNFT
Das 6 Zimmer umfassende **€€ Desert Rendezvous Bed & Breakfast** liegt 200 m vom Strand. Gute Küche (Tel. 081 4 33 53 97, www.desert rendezvous.co.za).

6 Spitzkoppe

Die Spitzkoppe erhebt sich 120 km östl. von Swakopmund und überragt die Umgebung um 800 m. Wegen ihrer dreieckigen Form wird sie auch das „Matterhorn Namibias" genannt. Der 1728 m hohe Berg mit seinem Doppelgipfel ist eines der beliebtesten Fotomotive des Landes. Wie am Brandberg und in Twyfelfontein gibt es hier jahrtausendealte Felsmalereien. Die bekannteste Fundstelle heißt „Bushman's Paradise". Die Felsformationen sind auch ein beliebtes Ziel für Kletterer.

UNTERKUNFT
Der Spitzkoppe am nächsten gelegen – auf der D 1935 etwa 25 km nördl. von Usakos zu Füßen des Hohenstein – ist die **€€ Hohenstein Lodge.** Mit 2319 m Höhe ist der Hohenstein die höchste Erhebung der Erongo-Berge. Die Betreiber der Lodge sind aktive Mitglieder der sich um den Schutz der seltenen einheimischen Wildarten und der archäologischen Stätten der Erongo-Berge kümmernden Erongo Mountain Nature Conservancy (EMNC). Es gibt 14 geräuminge Zimmer mit Dusche/WC und angenehm schattigen Terrassen, Pool und Restaurant (Tel. 061 24 00 20, www.hohensteinlodge.com).

INFORMATION
Municipality of Swakopmund,
Tel. 064 4 10 41 11,
https://swakopmun.com

GIB MIR FÜNF!

Als Pendant zu den Großen Fünf – Löwe, Leopard, Nashorn, Büffel und Elefant – hat Wüstenkenner Chris Nel die Kleinen Fünf ausgerufen. Eine illustre Reptiliengruppe ist das, zu der etwa die nur drei Zentimeter große Weiße Dame *(Leucorchestris arenicola)* gehört; die Spinne ist eine Meisterin der Anpassung wie der Verteidigung. Der winzige Namibgecko *(Pachydactylus rangei,* auch Schwimmfußgecko genannt) gehört ebenso dazu. Nummer drei ist die Schaufelschnauzeneidechse *(Meroles anchietae),* Nummer vier das Namaqua-Chamäleon *(Chamaeleo namaquensis).*

Wer die Spuren der Wüste lesen kann, den führen sie zu jedem auch noch so gut getarnten Wüstenbewohner. Am Ende des Tages weisen sie Nel den Weg zu einer Zwergpuffotter *(Bitis peringueyi)*, der Nummer fünf auf unserer Exkursion in den Wüstensand. Elegant biegt sie sich zu einem großen S und schiebt sich über den bis zu 70 Grad Celsius heißen Sand – was auch den englischen Namen des Reptils erklärt: „Sidewinder Snake" (Seitenwinderschlange). Immer nur wenige Zentimeter Körperoberfläche berühren dabei den Boden. Geht die Schlange auf die Jagd, gräbt

Großes Wüstenkino im Kleinen, samt fast durchsichtigem Palmato-Gecko (links)

sie sich mit schaufelnden Bewegungen ihres Rumpfes in den Untergrund ein. Mit bernsteinfarbenen Schuppen gleicht sie sich der Umgebung gut an.

Buchung: Living Desert Adventures, Tel. 064 40 50 70, www.livingdesertnamibia.com (Anm. erforderlich)

Kosten: ca. 44 € pro Person, Kinder unter 12 Jahren 23 €

Skeleton Coast/Kaokoveld

*

DIESSEITS VON AFRIKA

*

Die Skeleton Coast im Westen Namibias ist rau und unwirtlich, aber auch ein Ort von überbordender Schönheit, mit schier endlosen Sandstränden und Robbenkolonien. Im östlich angrenzenden Kaokoveld konnten sich Herero und Himba ihre archaisch anmutenden Traditionen erhalten.

Trockenfluss bei Orupembe: Ohne Allradfahrzeug und GPS-Navigation kommt man abseits der wenigen Hauptverbindungen im Kaokoveld nicht voran.

Petri Heil: An der bei Sportfischern beliebten Skelettküste (oben) ist die Meeresströmung voller Plankton und Fisch. Das wissen auch die Robben am Cape Cross zu schätzen.
Suchobjekt: Viele Reisende gehen auf eine Art Schatzsuche, um die einsamen „Lone Men" zu finden, Steinmänner eines unbekannten Künstlers mit Pseudonym RENN. Bald drei Dutzend der Figuren aus Stein und Stahl soll es mittlerweile in der Wüste im Nordwesten Namibias geben – hier Männer an einer Feuerstelle.

Was vom Tage übrig blieb – ist in diesem Fall nichts als ein Schiffswrack südlich von Torra Bay im Skeleton Coast National Park.

BESSER STRANDEN, ALS IN DER TOSENDEN FLUT UNTERGEHEN, HIESS DIE LOSUNG.

Die Katastrophe ereignete sich in der rauen Nacht des 29. November 1942. Es war kurz vor Mitternacht, als die beiden Neunzylindermotoren der Winterthurer Schiffsbaufirma Sulzer die Dunedin Star mit voller Kraft vorwärts ins Unglück trieben. Von der Brücke aus war nichts zu sehen. Es toste ein unerbittlicher Sturm, die Gischt war so stark, dass man durch die Fenster der Kommandobrücke kaum das Deck sehen konnte. Auf einmal gab es einen gewaltigen Ruck, die Passagiere wurden umhergeschleudert, Gegenstände flogen durch die Luft. Einige Sekunden noch fuhr die Dunedin Star weiter, als ob nichts gewesen wäre, doch als das erste Wasser in den Rumpf eindrang, war klar: Hier musste etwas Schlimmes passiert sein.

Das Schiff hatte einen 60 Meter langen Riss im Bug. Kapitän Lee sah sich genötigt, die Dunedin Star sofort auf die nahe gelegene Küste zuzusteuern. Besser stranden als in der tosenden Flut untergehen, hieß die Losung. Minuten später lief die Dunedin Star 500 Meter vom Ufer entfernt auf eine Sandbank auf. Die eisigen Wellen brandeten wie tonnenschwere Zementblöcke gegen den Rumpf. Experten bestimmten später die Position der Havarie: 18,13 Grad Süd, 11,55 Grad Ost, ungefähr 80 Kilometer südlich der Kunene-Mündung, Skelettküste, Namibia, Afrika.

SCHIFF IN NOT

Das Schicksal der Dunedin Star berührt die Menschen bis heute. Mehr als 70 Jahre nach dem Unglück ist immer noch nicht ganz geklärt, was der Dunedin Star den Rumpf aufriss – dort, wo laut Seekarte eigentlich nichts sein sollte außer Wasser. Auch was weiter geschah, war alles andere als gewöhnlich: Als der Frachter auf Grund lief, beschloss der Kapitän, zunächst die 21 Passagiere zu evakuieren. Sämtliche Fahrgäste und die Hälfte der 85 Besatzungsmitglieder gelangten mit dem Beiboot unversehrt an Land. Dann havarierte auch das winzige Rettungsboot in den mächtigen Atlantikwellen. 43 Crew-Mitglieder waren zu dem Zeitpunkt noch an Bord der Dunedin Star. Lee sandte einen Notruf nach Walvis Bay. Trotz des Einsatzes von Rettungsflugzeugen und -schiffen dauerte es mehr als zwei Tage, bis Hilfe eintraf. Bei der Bergung der restlichen Mannschaft wurde der Havarieschlepper Sir Charles Elliott selbst zum Wrack. Ein Zwölf-Tonnen-Flieger der Luftwaffe stürzte bei der Hilfsaktion ab, und zwei Matrosen

Oryx-Antilopen gelten als Überlebenskünstler in der Wüste. Mit ihren großen Hörnern können sie sich sogar gegen angreifende Löwen verteidigen.

Himba-Siedlung im Hartmannstal, an der Grenze zu Angola gelegen

Nur bei Hochwasser bieten die über 120 Meter tief in eine 700 Meter breite Schlucht stürzenden Ruacanafälle ein so beeindruckendes Schauspiel.

Camping in Namibia

Freiheit und Abenteuer

Ein Allradfahrzeug mit einem Zelt auf dem Dach ist die beste Möglichkeit, Afrika hautnah zu erleben. Und kaum ein Land eignet sich so gut für Camping wie Namibia.

Ein lauschiges Plätzchen unter freiem Himmel, ein Zelt, ein Lagerfeuer ... Dazu ein kühles Windhoek Lager in der Hand und ein Springbock-Steak auf dem Grill. Kennen Sie dieses Gefühl? Es ist das typische Namibia-Gefühl. Das Gefühl von grenzenloser Freiheit und Abenteuer.

Am besten lernt man das Land mit dem Camper kennen. Zudem benötigt man dafür gar nicht so viel Geld. Zwar ist Namibia kein Billigreiseland, doch das Safari-Erlebnis im Camper ist immer noch verhältnismäßig günstig. Einen vierradgetriebenen Wagen mit Zelt auf dem Dach, Campingausrüstung und Kühlschrank gibt es bereits ab 100 Euro pro Tag – und da ist für bis zu vier Personen die Übernachtung quasi schon inbegriffen.

Unterwegs im nördlichen Kaokoveld

Tipp: Wer sich für eine Selbstfahrertour entscheidet, der sollte sein Auto am besten schon von Deutschland aus buchen. Das ist wegen des einfachen Preisvergleichs im Internet meist nicht nur günstiger, auch die Auswahl ist größer. Zu den zuverlässigsten und zugleich preiswertesten Autovermietungen zählen Caprivi Car Hire (www.caprivicarhire.com) und Asco Car Hire (www.ascocarhire.com).

ertranken in den Fluten. Die an Bord der Dunedin Star verbliebenen Crew-Mitglieder wurden schließlich von Freiwilligen des norwegischen Schiffs Téméraire gerettet, das aus Walvis Bay zu Hilfe geeilt war. Um die Gestrandeten zu bergen, brauchte man zwei Polizeikonvois. Die Schiffbrüchigen erreichten Windhoek erst an Weihnachten 1942 – 26 Tage, nachdem ihr Schiff auf Grund gelaufen war.

UNWIRTLICH, ABER SCHÖN

Die Skelettküste ist eine Gegend von brutaler Unwirtlichkeit und überbordender Schönheit. Sie erstreckt sich von der Mündung des Oranje-Flusses an der Grenze zu Südafrika annähernd 1600 Kilometer weit bis an die Grenze zu Angola. Doch nur ein ganz kleiner Teil trägt diesen Namen offiziell: ein rund 30 Kilometer breiter und fast 500 Kilometer langer Küstenstreifen mit nicht viel mehr als Fels und Sand. Schon das Einfahrtstor zum Nationalpark an der Mündung des Ugab-Trockenflusses schmücken zwei riesige Totenköpfe, die durchaus als Programm zu verstehen sind. Die Skelettküste ist ein Ort, der Menschen seit jeher das Fürchten lehrt. Mehr als hundert Schiffe sind bereits in den wilden Fluten des Benguela-Stroms gestrandet. Halb begraben, ragen ihre Skelette noch heute aus dem Wüstensand. Das Salz zerfrisst ihre

Über die Herkunft der Künstler, von denen die in entlegenen Höhlen des Brandbergs (unten) gefundenen Felszeichnungen stammen, wurde viel spekuliert (rechts und ganz rechts). Vermutlich handelte es sich um Vorfahren der San – oder „Buschmänner", wie die nomadisierenden Jäger in Namibia noch immer genannt werden. Dargestellt ist vor allem Jagdwild, das damals noch viel artenreicher gewesen sein muss als heute.
Auch in Twyfelfontein (unten rechts) kann man bei der Suche nach prähistorischen Felsgravuren fündig werden. Guides weisen einem gern den Weg.

rostigen Rümpfe. Dazwischen bleichen Wal- und Robbenknochen in der Sonne. Gegen die Stürme, die unberechenbaren Strömungen, tückischen Felsen, dichten Nebelbänke und zahllosen Untiefen war keiner der havarierten Seefahrer gefeit. Versunken, verschollen, vergessen. Wer sich an Land retten konnte, starb spätestens in der Wüste den Hitzetod.

Ihren Namen verdankt die Skelettküste aber keinem Schiffs-, sondern einem Flugzeugunglück. Als der Schweizer Pilot Carl Nauer 1933 bei einem Flug von Kapstadt nach London mit seinem Flieger an der Küste verschwand, kam der britische Journalist Sam Davis auf die Idee, diese Küste so zu bezeichnen.

Bis heute gibt es an der Skelettküste keine Städte. Zu unwirtlich ist hier die Natur. Der letzte Außenposten der Zivilisation ist Henties Bay, nördlich von Swakopmund. Von dort geht es in Richtung Skeleton Coast National Park über salzige Pisten immer an der Küste entlang. Torra Bay und Terrace Bay im Park sind zwar in den meisten Namibia-Karten verzeichnet. Die Häuser der winzigen Ansiedlungen an der Atlantikküste bleiben aber die meiste Zeit des Jahres verwaist. Nur in wenigen Wochen füllen sie sich mit Sportfischern aus Namibia und Südafrika, die hierherkommen, um in den nährstoffreichen Wassern des Benguela-Stroms ihre Angeln auszuwerfen.

EINE EINZIGARTIGE LANDSCHAFT

Wo sich das südwestafrikanische Hochplateau zum Atlantik absenkt, formten Sonne, Wind und Wasser eine einzigartige Landschaft. Vor Jahrmillionen frästen die Flüsse Huab, Ugab, Uniab, Hoanib, Hoarusib und Khumib tiefe Täler in die Erde. Der Regen schwemmte den weichen Boden in Richtung Atlantik, die schroffen Tafelberge blieben stehen. Längst ist das Wasser in den Flussbetten versickert. Doch bis heute sichern die temporären Flussläufe mit ihren oft über die Regenzeit hinaus gefüllten Wasserreservoirs das Überleben Dutzender Tierarten. In die mit Akazien bestandenen

Nordwestlich von Twyvelfontein unterwegs mit einem treuen Begleiter

Spitzmaulnashörner – hier in der Nähe des Desert Rhino Camps bei Palmwag – werden bis zu 1400 Kilogramm schwer.

Im Desert Rhino Camp: Elefanten und Nashörner zählen zu den „Wüstengroßtieren“, um deren Sicherheit und Erhalt sich auch Stammesmitglieder der Himba (im Kaokoveld) und der Damara (in der Kunene-Region) kümmern.

Die Safaris zu den Spitzmaulnashörnern bei Palmwag begleiten Naturschützer, die penibel Aufzeichnungen machen.

Flusstäler kommen Oryx-Antilopen, Kudus, Springböcke, Zebras und Giraffen zum Trinken. Wüstenlöwen machen hier Beute, die seltenen Spitzmaulnashörner äsen hier. Am bekanntesten aber sind wohl die hier lebenden Wüstenelefanten. Sie gehören zu den letzten Elefanten weltweit, die nicht in Nationalparks, sondern auf kommunalem Land leben.

SPUREN DER WÜSTENELEFANTEN

Viele Details über ihr ungewöhnliches Leben in der Wüste sind erst durch das Tierfilmer-Ehepaar Des und Jen Bartlett bekannt geworden, das die Wüstenelefanten in fast zehnjähriger Arbeit im Skeleton Coast National Park erforscht und filmisch dokumentiert hat. Die Elefanten des Hoanib und Hoarusib unterscheiden sich zwar genetisch nicht von ihren Verwandten im benachbarten Etosha-Nationalpark oder in anderen Teilen des südlichen Afrika, aber ihre Körper sind kleiner, ihre Füße breiter. Auch im Verhalten unterscheiden sie sich wesentlich von ihren Artgenossen: Auf der Suche nach Wasser und Nahrung legen sie bis zu 70 Kilometer am Tag zurück und können bis zu vier Tage ohne Wasser auskommen. Dabei benötigen Elefanten üblicherweise bis zu 160 Liter Wasser am Tag. Keine Dürre, keine noch so lange Trockenheit scheint den genügsamen Dickhäutern etwas anhaben zu können. Nur der Mensch bedroht ihre Existenz.

GRÖSSTES SCHUTZGEBIET IN AFRIKA

Noch vor 80 Jahren lebten mehr als 3000 Elefanten in den Flusstälern Nordnamibias und des Kaokovelds. Durch Wilderei und den Bau von Zäunen sank ihre Zahl zwischenzeitlich fast auf null. Dank der erfolgreichen Eindämmung der Wilderei gibt es in den Trockenflüssen Ugab, Huab, Uniab, Hoanib und Hoarusib wieder etwa 130 Tiere. Diese werden zu den an die Wüste angepassten Elefanten gerechnet, kurz Wüstenelefanten, da sie in Gebieten mit weniger als 150 Millimeter Niederschlag pro Jahr überleben.

In ganz Namibia leben Schätzungen zufolge heute bis zu 23 000 Elefanten, fast ein Drittel davon außerhalb von Nationalparks. Experten unterscheiden dabei verschiedene Populationen, darunter die Tiere im Caprivi-Streifen im Nordosten des Landes, die Elefanten auf dem Farmland südwestlich des berühmten Etosha-Nationalparks und eben die kleine Population in den Trockenflüssen des Nordwestens. Um die einzigartige Natur der Skelettküste und des benachbarten Kaokovelds zu schützen, wurde der Skeleton Coast National Park mit dem Namib Naukluft Park, dem Tsau-||Khaeb-(Sperrgebiet)-Nationalpark, dem Dorob-Nationalpark, der ehemaligen West Coast Tourist Recreation Area und dem Meeresschutzgebiet Meob-Chamais zum 107 540 Quadratkilometer großen Namib-Skelettküste-Nationalpark zusammengefasst. Gemeinsam bilden die Parks das größte Schutzgebiet in Namibia und das achtgrößte der Erde. Damit ist Namibia das einzige Land der Welt, das seine komplette Küstenlinie als Nationalpark unter Schutz gestellt hat – und die reicht immerhin fast 1600 Kilometer lang vom Kunene-Fluss im Norden bis zum Oranje-Fluss im Süden.

NUR DER MENSCH BEDROHT DIE EXISTENZ DER DICKHÄUTER.

Himba

DIE LETZTEN IHRES VOLKES

Die Himba sind die letzten Nomaden Namibias. Seit Hunderten von Jahren leben sie im Norden des Landes nach ihren alten Traditionen. Doch durch die vorrückende Zivilisation gerät ihr Lebensraum zunehmend in Gefahr.

Die traditionell mit ihren Viehherden nomadisierenden Himba errichten temporäre Siedlungen, deren bienenkorbförmige Hütten aus Rohrgeflecht aufgebaut sowie mit Lehm und Dung verputzt werden.

Der Dorfälteste der kleinen Ansammlung von Hütten zieht an seiner Pfeife, als atmete er frische Bergluft ein. In dichten Rauchschwaden steigt der Tabakdunst zum Himmel. Der Alte ist ein Mann von niedriger Statur, nur bekleidet mit einem Lendenschurz aus Ziegenleder. „Früher war alles anders", sagt er. „Wir müssen erst lernen, uns auf die neue Welt einzustellen." Dann nimmt er seine Pfeife und verschwindet wieder, so leise, wie er gekommen ist.

EINE BEDROHTE KULTUR

Wir sind hier, um der gefährdeten Kultur der Himba nachzuspüren. Fast drei Tage lang sind wir durch versteinerte Wüstenlandschaften gefahren, durchquerten trockene Flussbetten, überquerten unwegsam scheinende Pässe, bis wir zwischen Akazienbäumen am Trockenfluss Hoarusib standen. Purros heißt dieser letzte Außenposten der Zivilisation, der hinterste Zipfel Namibias, bevor der Grenzfluss Kunene die Region in zwei teilt: in eine arme in Namibia und eine noch ärmere in Angola. Purros ist ein verlassener Ort. Straßen aus gepresstem Staub, Hütten aus gepresstem Staub, Felder aus Staub. Der Volksstamm der Rinder züchtenden Himba wanderte vermutlich im 16. Jahrhundert mit anderen Gruppen des Herero-Volkes von Nordosten kommend nach Namibia ein. Auf etwa 7000 wird heute die Zahl derer geschätzt, die in traditioneller Weise ihr angestammtes Lebensgebiet bewohnen. Etwa 50 Dorfgemeinschaften pflegen im Norden Namibias noch ihre alten Rituale. Sie bilden eine geschlossene Gemeinschaft der Rinder- und Ziegenhirten, die teilweise wochen- oder gar monatelang durch die karge Landschaft Namibias ziehen, um geeignete Weideplätze für ihre Tiere zu finden.

SCHICKSALSSCHLÄGE

In den vergangenen vier Jahrzehnten haben die Himba zahlreiche Katastrophen und Schicksalsschläge erlebt. Dürre und der Krieg zwischen der südafrikanischen Mandatsmacht und den damaligen SWAPO-Rebellen plagten den Volksstamm in den 1980er-Jahren. Im Befreiungskrieg schlossen sich viele Himba als Fährtenleser und Kundschafter der südafrikanischen Armee an. Fortan kämpften sie gegen die SWAPO-Guerilla, die die Unabhängigkeit Namibias forderte und am Ende gegen die südafrikanischen Besatzer siegte.

Im Jahr 1990 kehrte mit der Unabhängigkeit Namibias zwar auch wie-

Als Schmuck tragen die Himba gern Eisen- und Lederreifen sowie Muschelschalen.

Junge Himba-Männer im Kaokoveld: Die meisten Himba haben heute Kontakt zur Zivilisation, tragen moderne Kleidung und besitzen Handys. An einigen abgelegenen Orten des Kaokovelds gibt es aber auch noch Dorfgemeinschaften, die fast völlig autark leben.

der Ruhe im Land ein. Allerdings waren die Himba fortan isoliert, weil sie sich auf die Seite Südafrikas gestellt hatten. Bis heute kümmert sich die SWAPO-Regierung in der Hauptstadt Windhoek kaum um die Belange der Himba, die nun zwar wählen gehen können, ihre Kinder zur Schule schicken und ihren Wohlstand durchaus auch in Geld bemessen. Traditionsverlust und Wertewandel brachten aber auch negative Folgen mit sich: Alkoholmissbrauch und HIV gehören heute zu den größten Problemen der Himba.

FREILICHTMUSEUM MIT HIMBA?

Einige Reiseveranstalter schlossen Verträge mit den Stammesführern und karren nun regelmäßig Busladungen von Touristen in die Dörfer. Auch hier in Purros dauert es nicht lange, bis auf unsere Touristengruppe die nächste folgt: ein Dutzend Männer und Frauen in Khaki, die Handys im Anschlag wie bei der Safari. Fotografiert werden hier aber keine Zebras oder Antilopen, sondern barbusige Frauen in knappen Lendenschurzen und halbnackte Männer.

Für einige der Himba mag das Geld der Touristen ein Segen sein, der ihnen ein besseres Leben beschert. Aber damit ihre Kultur noch lange Bestand hat, dürfte sie nicht nur im „Freilichtmuseum mit Himba“ ausgestellt, sondern müsste gelebt werden.

Die Himbafrauen schützen ihren Körper mit einer rötlichen Paste vor Sonneneinstrahlung, Insekten und Austrocknung.

Respektvoll reisen

Ins Himba-Gebiet sollte man aus Respekt vor der Kultur nicht auf eigene Faust, sondern nur mit einem einheimischen, nachhaltig arbeitenden Veranstalter reisen, der die Riten und Gebräuche kennt. Empfehlenswerte Touren haben zum Beispiel Kunene Tours and Safaris (www.kunenetours.com) sowie Ondjamba Safaris (www.ondjamba.com.na) im Programm.

Himba-Siedlung bei Kamanjab im Nordwesten des Landes. Zu jeder Siedlung gehören ein „nie erlöschendes", von einer Tochter des Häuptlings gehütetes „heiliges Feuer" und ein „heiliger Baum", aus dessen Rinde der Legende nach einst die Rinder zu den Himba kamen.

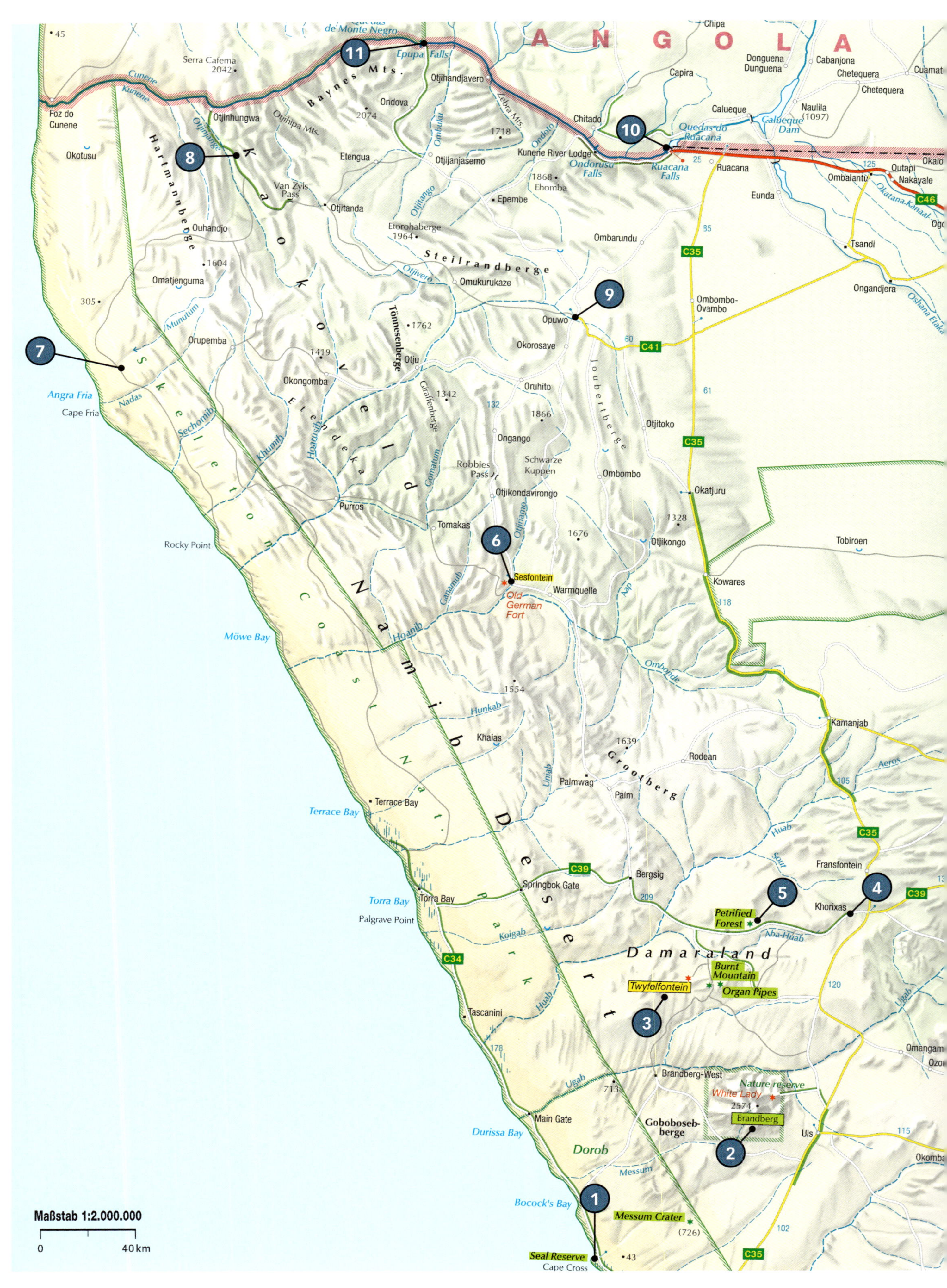

ANGOLA
Quedas de Monte Negro
Epupa Falls
Serra Cafema
2042
Cunene
Kunene
Foz do Cunene
Baynes Mts.
Otjihandjavero
Ondova
2074
Zebra Mts.
Chitado
Otjinhungwa
Otjihipa Mts.
1718
Okotusu
Hartmannberge
Etengua
Otjijanjasemo
Kunene River Lodge
Ondorusu Falls
Ruacana Falls
Ruacana
Van Zyls Pass
Otjitanda
1868
Ehomba
Epembe
Ouhandjo
Etorohaberge
1964
Kaokoveld
Steilrandberge
Omukurukaze
Ombarundu
1604
Omatjenguma
Otjivero
305
Opuwo
Okorosave
Tönnesenberge
1762
Munutum
Orupemba
1419
Otju
Okongomba
Oruhito
Joubertberge
Angra Fria
Cape Fria
Nadas
Sechomib
Etendeka
Girafenberge
1342
132
1866
Ongango
Otjitoko
Khumib
Hoarusib
Gomatum
Robbies Pass
Schwarze Kuppen
Ombombo
Purros
Otjikondavirongo
Okatjuru
Rocky Point
Tomakas
1676
1328
Otjikongo
Sesfontein
Old German Fort
Warmquelle
Kowares
Ganamub
Hoanib
Möwe Bay
Skeleton Coast Nat. Park
Namib Desert
Ombonde
1554
Hunkab
Khaias
1639
Grootberg
Rodean
Kamanjab
Palmwag
Palm
Uniab
Terrace Bay
Aeros
Huab
Bergsig
Springbok Gate
Torra Bay
Palgrave Point
Fransfontein
Khorixas
Petrified Forest
Koigab
Aba-Huab
Damaraland
Twyfelfontein
Burnt Mountain
Organ Pipes
Tascanini
Ugab
Omangambo
178
Brandberg-West
Nature reserve
White Lady
2574
Brandberg
713
Main Gate
Goboboseb-berge
Uis
Durissa Bay
Dorob
Messum
Bocock's Bay
Messum Crater
(726)
Seal Reserve
Cape Cross
43
Chipa
Donguena
Dunguena
Cabanjona
Chetequera
Cuamato
Capira
Calueque
Calueque Dam
Naulila
(1097)
Quedas do Ruacana
Okalo
Outapi
Nakayale
Ombalantu
Eunda
Okatana-Kanaal
Tsandi
Ongandjera
Ombombo-Ovambo
Oshana Etaka
Tobiroen
C35
C41
C46
C39
C34
Maßstab 1:2.000.000
0
40 km
1
2
3
4
5
6
7
8
9
10
11

IM NORDWESTEN

An der namibischen Atlantikküste gibt es kaum Niederschläge. Der Benguela-Strom bringt arktisch kaltes Wasser mit sich; die vom Meer her aufs Festland gelangenden Westwinde werden abgekühlt und können deshalb nur wenig Feuchtigkeit mit sich führen. Nur die landeinwärts ziehenden Nebelbänke spenden den Pflanzen und Tieren etwas vom kostbaren, lebensnotwendigen Nass.

1 Cape Cross

Das Naturschutzgebiet liegt an der Küstenstraße C 34 etwa 60 km nördl. von Henties Bay (s. S. 83). 1486 betrat der Portugiese Diogo Cão wohl als erster Europäer die Landspitze und errichtete dort ein Steinkreuz. Heute leben im Robbenreservat am Kreuzkap etwa 250 000 Südafrikanische Seebären, eine Unterart der Ohrenrobbe. Damit ist das Reservat eines der größten im südlichen Afrika.

UNTERKUNFT
Die €€ **Cape Cross Lodge** liegt in gutem Abstand zur Robbenkolonie direkt am Meer, sodass der Geruch nicht herüberweht. Sie bietet einen tollen Blick auf den Atlantik und verfügt über 20 luxuriöse Doppelzimmer (Tel. 064 69 40 12, www.capecross.org).

Herzlich willkommen an der Skelettküste: Eingang zum Skeleton National Park

2 Brandberg

Wie ein Spiegel der Evolutionsgeschichte birgt der **Brandberg TOPZIEL** Zehntausende prähistorische Felsmalereien – ein unermesslicher Schatz, zu besichtigen in einem auch für Wanderer interessanten Revier.

UNTERKUNFT
Eine der wenigen Unterkunftsmöglichkeiten am höchsten Berg Namibias ist das € **Brandberg Restcamp** in Uis mit hübschen kleinen Zimmern und Schwimmbad (Tel. 064 50 40 38, www.brandbergrestcamp.com).
Das Bed & Breakfast €/€€ **Uis Elephant Guesthouse** im Minenstädtchen Uis, nur 30 Min. vom Brandberg entfernt, bietet 4 sehr schöne Standard- und 5 Luxuszimmer sowie 3 zweistöckige Suiten. Alle Zimmer verfügen über ein eigenes Bad und sind mit 2 Einzelbetten, Klimaanlage und Moskitonetzen ausgestattet. Köstliches Frühstücksbuffet und Abendessen (Tel. 081 4 90 64 94, www.uisguesthouse.com).

3 Twyfelfontein

Faszinierende prähistorische Felsgravuren sind (allerdings nur in Begleitung eines Guide) nordwestl. des Brandbergs in **Twyfelfontein TOPZIEL** zu bewundern, das seit dem Jahr 2007 auf der Liste des von der UNESCO geschützten Welterbes steht. Die ältesten Gravuren werden auf das 3. Jh. v. Chr. geschätzt. Besonders sehenswert sind der Löwe mit dem abgeknickten Schwanz, der tanzende Kudu und eine Robbe – fast 100 km vom Meer entfernt wirklich bemerkenswert.

4 Khorixas

Khorixas ist ein kleines Nest und bietet keine Attraktionen außer dem **Khorixas Community Craft Center**, in dem verschiedene Künstler ihre Kunstwerke verkaufen. Zwar ist das Städtchen offiziell die Verwaltungshauptstadt des Damaralands, aber kaum jemand bleibt hier länger, als es dauert, um an der Tankstelle Sprit und Wasser nachzufüllen.

5 Petrified Forest

Etwa 40 km westl. von Khorixas liegt mitten im Buschland der „Versteinerte Wald". Die vielen Dutzend riesigen Baumstämme könnte man für gerade eben erst gefällt halten, doch die teilweise mehr als 30 Meter messenden Baumriesen sind über 250 Mio. Jahre alt. Sie wurden bei einer Überschwemmung hierhergespült und luftdicht im Sediment eingeschweißt – bis sie wieder zutage traten. Durch das Eindringen von Kieselsäure waren die Bäume mittlerweise zu Stein geworden.

UNTERKÜNFTE
Die 73 km von Khorixas entfernte €/€€ **Vingerklip Lodge** ist ein idealer Zwischenstopp auf dem Weg von Swakopmund zum Etosha-Nationalpark. Auf dem Gelände der Farm steht der berühmte „Felsfinger", die so genannte Vingerklip, die es in alle Bestenlisten Namibias schafft. Die familienfreundliche Lodge verfügt über 12 Doppelzimmer, 12 Familiensuiten, eine Luxussuite, 2 Swimmingpools, einen Jacuzzi (Tel. 067 29 03 19, www.vingerklip.com.na).
Das €€€ **Mowani Mountain Camp** ist eine der am spektakulärsten gelegenen Unterkünfte weit und breit. Von den 15 Luxuszelten auf Holzplattformen mit persönlichem Butlerservice und Möbeln im afrikanischen Stil hat man einen fantastischen Ausblick auf das Aba-Huab-Tal (Tel. 061 23 20 09, www.chiwani.com/mowani).
Die €€ **Palmwag Lodge** mit 24 Zimmern, Grasdachbungalows, Luxuszelten, Campingplatz und einem Restaurant mit guter Küche liegt in wildreicher Umgebung auf halbem Weg zwischen Swakopmund und dem Etosha-Nationalpark – der ideale Ausgangspunkt für Touren ins

Oben: Im Desert Rhino Camp, Kaokoveld. Rechts: Das Camp Serra Cafema liegt bereits an der Grenze zu Angola.

Kaokoveld und an die Skelettküste. Nachts streifen oft Elefanten durchs Camp. Die Bungalows und der Swimmingpool liegen angenehm schattig unter Palmen (Tel. 061 42 70 00, www.gondwana-collection.com).

6 Sesfontein

Sesfontein („sechs Quellen") ist eine alte deutsche Polizeistation und der beste Ausgangspunkt, um in die einsamen Flusstäler des Hoanib, Hoarusib und auch ins Kaokoveld zu gelangen.

SEHENSWERT
Einzige Attraktion der Kreisstadt ist das alte deutsche **Fort Sesfontein** von 1896. Das Gebäude wurde einst als Kontrollpunkt gegen Rinderpest, Wilderei und Waffenschmuggel von der deutschen Schutztruppe errichtet. Nach deren Abzug im Jahr 1915 verfiel das Fort und wurde erst 80 Jahre später, 1995, wiederaufgebaut. Heute ist das sandsteinfarbene Gebäude ein nationales Denkmal und wird als eine luxuriöse Lodge für Safaris ins Kaokoveld oder an die Skelettküste genutzt.

UNTERKÜNFTE
In der ehemaligen Offiziersmesse des Forts ist die €€ **Fort Sesfontein Lodge** mit komfortablen Zweibettzimmern und Suiten mit Bad und WC sowie Bar und Restaurant untergebracht. Der Innenhof der Anlage beherbergt einen schönen Pool (Tel. 081 4 96 10 57, www.fortsesfontein.com).
Der Campingplatz €€ **Ongongo Waterfall Campsite**, einer der schönsten des Landes, liegt etwa 90 km nördl. von Palmwag an der C 43, 6 km von der Ortschaft Warmquelle entfernt. Die 10 Luxusstellplätze bieten u. a. private Waschräume (Tel. 081 4 90 64 94, www.ongongocampsite.com).

UMGEBUNG
Etwa 22 km südöstl. von Sesfontein liegt eingebettet zwischen Felsen bei der kleinen Ortschaft **Warmquelle** der Ongongo-Wasserfall. Mitten in der Trockenheit des Kaokovelds lädt diese märchenhafte Oase, die sogar einigen Feigenbäumen Leben schenkt, zu einem erfrischenden Bad ein.

7 Skeleton Coast National Park

Der **Skeleton Coast National Park** TOPZIEL ist Teil des übergeordneten Namib-Skelettküsten-Nationalparks, kann aber nach wie vor (mit eigenem Permit und über eigene Eingangstore) besichtigt werden. Er beginnt an der Mündung des Ugab-Trockenflusses in den Atlantik, ist an seiner breitesten Stelle nur 30 km breit und ganzjährig geöffnet. Im Park gibt es zwei staatliche Camps: in Terrace Bay und Torra Bay. Der Nordteil ist Konzessionsgebiet und wenigen Veranstaltern von Fly-in-Safaris vorbehalten. Für Angler sind bestimmte Bereiche reserviert. Die Ausfahrt aus dem Park durch das Hoarusib-Flussbett nördl. von Möwe Bay ist nur Veranstaltern und deren Gästen gestattet. Für den Individualverkehr endet die Straße in Möwe Bay, mit eigenem Wagen darf man bis Terrace Bay fahren.

UNTERKUNFT
Das €€ **Terrace Bay Resort** bietet 20 einfache Zimmer und 2 Strandchalets in Terrace Bay. Die Gegend ist ein Anglerparadies (Namibia Wildlife Resorts, Tel. 061 2 85 72 00, www.nwr.com.na).

8 Kaokoveld

Das Kaokoveld grenzt im Westen an den Skelettküstenpark, im Norden an Angola, im Osten an das ehem. Ovamboland und im Süden an das Damaraland. Der Wildbestand im Stammland der Himba hat sich nach schwierigen Jahren wieder erholt. Die Region ist schlecht erschlossen, sodass man sich nur mit Allradfahrzeug und GPS auf die Piste begeben sollte.

9 Opuwo

Die 12 300-Einwohner-Stadt nördlich der Joubert-Berge ist Hauptstadt der Region Kunene und wirtschaftliches Zentrum des Kaokovelds. Von Opuwo selbst sollte man sich nicht allzu viel versprechen. Interessant ist die Stadt vor allem als Ausgangspunkt für Touren in die wunderschöne Umgebung des Kaokovelds sowie zu den Epupa- und Ruacanafällen.

UNTERKÜNFTE
Einfach und sehr sauber ist die € **Ohakane Lodge** mitten in Opuwo. Alle Zimmer verfügen über ein eigenes Bad und Aircondition. Es werden auch Ausflüge zu den Himba angeboten (Tel. 065 27 30 31, https://ohakaneguesthouse.wheretostay.na/).
Die in der Nähe von Purros auf einem Hügel über dem Hoarusib-Fluss gelegene €€€ **Okahirongo Elephant Lodge** mit Schwimmbad, Bücherei und Open-Air-Lounges ist eine der abgelegensten des Landes (s. a. S. 78). In den Chalets mit 70 m² Fläche können max. 18 Gäste

Tipp

Heiß gegrillt

Das Wort *braai* stammt aus dem Afrikaans und bedeutet „braten". Anderswo sagt man Barbecue dazu, in Deutschland spricht man vom Grillabend. Wie immer man es auch nennt – entscheidend ist das Gemeinschaftserlebnis in der Familie und mit Freunden, meist bei gleicher Rollenverteilung: Während die Männer am Grill stehen und das Fleisch braten, bereiten die Frauen in der Küche Gemüse, Salate und – in Afrika – den unverzichtbaren Millipap vor, einen einfachen Maisbrei. Aber zu einem richtigen Braai gehört natürlich auch viel Fleisch: Steaks, Burenwurst, Lamm und häufig auch Wild.

Tipp

Legendärer Pass

Der **Van-Zyl's-Pass** gehört zu den steilsten befahrbaren Pässen im gesamten südlichen Afrika. Die 13 km lange Passstraße, die von den Hochebenen des Kaokovelds ins Tal des Marienflusses führt, ist nur in Ost-West-Richtung (also bergab) zu befahren und gilt als hohe Schule für Geländewagenfahrer. Von Opuwo geht es auf der Schotterstraße D 3703 nach Etanga und Otjitanda im Nordwesten. In Otjitanda biegt man nach links ab zum Van Zyl's Pass. Der Pass sollte nur mit Vierradantrieb und viel Erfahrung angegangen werden. Teilweise muss das Auto festgehalten werden, damit es nicht zur Seite kippt. Der Rückweg führt entweder über Purros oder den unweit gelegenen Otjihaa-Pass.

unterkommen. Die 160 m² große Presidential Suite bietet Platz für 4 Personen. Abends weisen leuchtende Kerzen den Weg zum Speisesaal, wo den Besucher eine Mischung aus vorzüglichem namibischem und italienischem Essen erwartet (Sanctuary Retreats, www.sanctuaryretreats.com).
Das Camp **€€€ Serra Cafema** (s. a. S. 78) gehört zu den schönsten in Namibia. Am Kunene-Fluss an der Grenze zu Angola gelegen, ist es ein Hort der Ruhe. Die Chalets sind einfach und stilvoll eingerichtet, unten rauschen die Stromschnellen. Anreise nur mit dem Flugzeug (Tel. +271 2 57 50 00, www.wildernessdestinations.com).

10 Ruacanafälle

Auf fast 700 m Breite stürzt sich der namibisch-angolanische Grenzfluss Kunene mehr als 120 m in die Tiefe. Direkt am Wasserfall befindet sich das größte Elektrizitätswerk Namibias. Weil ein Großteil des Wassers zur Stromerzeugung benötigt wird, zeigen sich die Ruacanafälle nur bei Hochwasser von ihrer spektakulären Seite, die sie auch über die Grenzen Namibias hinaus bekannt gemacht hat.

11 Epupafälle

Bei den Epupafällen stürzt sich der ganzjährig Wasser führende Fluss Kunene mehr als 40 m in die Tiefe. Jahrelang war der Name Epupa hierzulande in aller Munde, weil die namibische Regierung in der Nähe einen riesigen Staudamm zur Energiegewinnung bauen wollte. Mittlerweile ist das Thema jedoch vom Tisch. Unmittelbar an den Fällen liegt ein gesicherter Campingplatz mit Freiluftduschen und -toiletten aus Bambus. Vorsicht vor Krokodilen!

ZU GAST BEI DEN ≠KOADI

Dieser Blick! Wohl kaum eine Lodge im Norden Namibias bietet eine solche Aussicht. Die Grootberg Lodge zwischen Kamanjab und Palmwag ist ein Traum. Von der auf einem Bergkamm gelegenen Lodge schweift der Blick über die Tafelberge Nordnamibias in ein weites Tal. Kein Haus, keine Menschenseele zu sehen. Mit etwas Glück dagegen kann man hier Wüstennashörner und Wüstenelefanten beobachten.

Das allein wäre spektakulär genug, doch dazu kommt, dass die Lodge als eine der ganz wenigen in Namibia von der lokalen Bevölkerung betrieben wird, nämlich von der Gemeinschaft der ≠Khoadi//Hoas. Die Einheimischen führen die Lodge, sie leiten die Ausflüge zu den geologischen und botanischen Wundern, zu Wüstenelefanten und Wüstennashörnern – und zum Volk der Himba. Lange waren Wilderei und die Verfolgung von „Problemtieren" (Elefanten, Löwen, Leoparden) ein großes Problem. Antilopen und Zebras wurden wegen ihres Fleisches und der Häute gejagt – bis fast alle verschwunden waren. Seit die ≠Khoadi//Hoas auf Tourismus setzen und die Lodge bei der lokalen Bevölkerung für Einkommen sorgt, haben sich die Tierbestände vervielfacht.

Grootberg Lodge – am besten auch mal nichts tun, nur schauen …

Mittlerweile wurde sogar ein Raubtierfonds eingerichtet, der die Viehzüchter für durch Raubtiere getötete Tiere entschädigt und Mittel für Zäune zur Verfügung stellt, die das Risiko eines Risses minimieren. Das Projekt hat nicht nur mehrere Preise gewonnen. Die Conservancy, also das Wildhegegebiet der ≠Khoadi//Hoas, wurde auch in die Liste der 100 nachhaltigsten Destinationen weltweit aufgenommen. Für die Gäste ist es nach einem gelungenen Safaritag allerdings einfach nur das Schönste, bei einem Sundowner den unglaublichen Ausblick von der Terrasse zu genießen.

Fund: Ein Teil der Einnahmen der Lodge kommt dem Grootberg Lodge Education Fund zugute, der beim Bau und der Renovierung von Schulen und Kliniken hilft und die Schulgebühren für Kinder zahlt, die sich eine Ausbildung nicht leisten können.
Buchung: Grootberg Lodge, Tel. 061 22 81 04, www.grootberg.com

Lüderitz und Süden

*

DIAMANTEN-FIEBER

*

Gewaltige Edelsteinfunde haben die Hafenstadt Lüderitz vor rund 115 Jahren berühmt gemacht. Im Glutofen der Namib nahm der Diamantenrausch einst seinen Anfang. Heute verdrängt Hightech die Glücksritter. Von den alten Diamantensiedlungen blieben nur noch bizarre Skelette im Wüstensand, unwirtliche Orte.

Kolmanskuppe: Wo einst das Diamantenfieber grassierte, wachsen heute die Dünen bis in die verfallenden Häuser hinein.

„Geburtsstadt des modernen Südwestafrika“ wird Lüderitz auch genannt. Ganz oben sieht man das nach dem ehemaligen Leiter einer Diamantengesellschaft benannte Goerke-Haus, darunter die Lese- und Turnhalle. Rechts eine Gesamtansicht der am oft stürmischen Atlantik gelegenen Stadt, deren Wahrzeichen die weithin sichtbare, im Jahr 1911 errichtete evangelisch-lutherische Felsenkirche ist.

Es war ein Bahnarbeiter, der das ganze Land auf den Kopf stellte: Als Zacharias Lewala im April 1908 am „Grasplatz“, wie die Deutschen den vergessenen Ort mitten in den Dünen nannten, den ersten Diamanten fand, veränderte sich die Geschichte Deutsch-Südwestafrikas schlagartig. Lewala war gerade dabei, die Gleise der Eisenbahnlinie zu fegen, die damals Lüderitz mit dem 350 Kilometer entfernten Keetmanshoop verband, als ihm etwas auffiel. Zwischen den Schienen funkelte es im Sand. War das ein Metallsplitter, der sich von den Schienen gelöst hatte? Ein Quarz? Oder gar ein Edelstein? Pflichtbewusst lieferte Lewala den Fund bei seinem Vorgesetzten ab, dem deutschen Bahnvorsteher August Stauch, und schon wenig später war klar, dass es sich um einen Diamanten handelte.

ÜBER NACHT ZUM MILLIONÄR

Durch den Fund seines Arbeiters wurde August Stauch quasi über Nacht zum Millionär. In den Wochen nach der Entdeckung erwarb er heimlich Schürflizenzen von der Deutschen Kolonialgesellschaft und steckte nahe Lüderitz die ersten Claims ab. Bald darauf strömten so viele Diamantensucher in das Land, dass die deutsche Kolonialverwaltung den Zustrom eindämmen musste. Eilig wurde die „Diamond Area No. 1“ eingerichtet. Sie reichte vom Oranje-Fluss bis zum 26. Breitengrad und erstreckte sich bis zu hundert Kilometer ins Landesinnere. Nach Diamantenfunden in der weiter nördlich gelegenen Spencer Bay und bei Meob Bay folgte wenig später die „Diamond Area No. 2“. Insgesamt wurden etwa 5000 Schürflizenzen vergeben. An einem Ort südlich von Lüderitz, der später Märchental genannt werden sollte, wurden so viele Diamanten gefunden, dass die Arbeiter sie mit bloßen Händen einsammeln konnten.

Seinen Diamantenreichtum verdankt Namibia der Erdgeschichte. Vor Millionen von Jahren pressten gewaltige Kräfte im Inneren des Kontinents Kohlenstoff

Längst sind die Glücksritter von einst weitergezogen, während ihre Hinterlassenschaften im Wüstensand verfallen.

Richtig in Szene gesetzt, hat selbst der Verfall etwas Pittoreskes. Noch heute kann man die (Geister-)Stadt Kolmannskuppe besichtigen.

Zu den Annehmlichkeiten, die den hart arbeitenden Diamantenschürfern den Feierabend versüßen sollten, gehört auch diese alte Kegelbahn in Kolmanskuppe. August Stauch, mit dem der Boom … … begann, verlor 1931 sein Vermögen in der Weltwirtschaftskrise und starb 1947 verarmt.

Special

Wüstenpferde

Die verlassenen Pferde von Garub

Mitten in der Wüste, bei Garub im Süden Namibias, scharen sich einige Dutzend Pferde um eine Tränke. Es sind nicht die Tiere irgendeines Farmers, sondern verwilderte Pferde, die hier seit mehr als hundert Jahren der glühenden Hitze trotzen.

Als deutsche Soldaten im Ersten Weltkrieg vor den südafrikanischen Truppen flohen, ließen sie einen Großteil ihrer Ausrüstung sowie einige Dutzend Pferde nahe der Bahnstation von Garub zurück. Womit keiner gerechnet hatte: Am Bohrloch fanden die Tiere ausreichend Wasser, um bei Tagestemperaturen von 45 Grad und mehr überleben zu können. Dort vermischten sie sich mit versprengten Tieren der Südafrikaner und mit entlaufenen Tieren einer Pferdezucht im nahe gelegenen Kubub. In der Nähe des Bohrlochs haben sie bis heute überlebt. Seit der ersten Zählung im Jahr 1985 umfasste die Herde maximal 300 Tiere. Weil Hyänen und lang anhaltende Dürren den Pferden stark zugesetzt haben, sind es derzeit nur noch etwa neunzig. Tierschützer wollen die Herde deswegen umsiedeln.

Überlebenskünstler: die Pferde der Namib

zu Diamanten. In der Kreidezeit spülten die Wasser des Oranje-Flusses die wertvollen Edelsteine bis zum Atlantik. In dessen Mündungsgebiet lagerten sie sich schließlich ab – teils am Meeresgrund, teils wurden sie von Wind und Wellen zurück in den Wüstensand gespült.

RUND EINE TONNE DIAMANTEN

In den ersten sieben Jahren nach der Entdeckung soll rund eine Tonne Rohdiamanten gefunden worden sein, fast fünf Millionen Karat zwischen 1908 und 1915. Doch der Boom währte nicht lange. Zu Beginn des Ersten Weltkriegs eroberte Südafrika die deutsche Kolonie, das Land wurde südafrikanisches Mandatsgebiet. Mehrere Jahre lang stand der Diamantenabbau still. Die Hälfte der in Südwestafrika lebenden Deutschen wurden nach dem Krieg ausgewiesen, ihre Maschinen jedoch weiter genutzt. Die Rechte gingen an das südafrikanische Unternehmen Consolidated Diamond Mines (CDM) über. Bis Ende der 1920er-Jahre lief das Geschäft gut, doch mit der Weltwirtschaftskrise 1929 und dem folgenden Preisverfall für Diamanten wurde der Abbau im nördlichen Teil des Sperrgebiets unrentabel. 1930 stellte die Minengesellschaft CDM ihren Betrieb ein und verlegte ihn erst 1943 in das südlich gelegene Oranjemund an der Mün-

Flink auf dem Felsen: der Klippschliefer oder Klippdachs (ganz oben)
Schön zwischen den Felsen gelegen:die Hütten der Canyon Lodge im Gondwana Canyon Park (oben)

„Giants Playground" (Spielplatz der Riesen) heißen diese Felsformationen in der Nähe von Keetmanshoop.

Köcherbaumwald auf dem Gelände der Farm Gariganus, nordöstlich von Keetmanshoop: Aus den Ästen und Rinden des Baums stellten die San ihre Pfeilköcher her.

NORDÖSTLICH VON KEETMANSHOOP FINDET MAN BESONDERS VIELE KÖCHERBÄUME. SIE WACHSEN MEIST AN FELSIGEN HÄNGEN.

dung des Oranje-Flusses, direkt an der Grenze zu Südafrika. Bis heute ruht das Hauptaugenmerk der Förderung dort auf den Off-Shore-Vorkommen am Meeresboden. Mit aufwendiger Technik werden von dem teils staatlichen, teils privaten Unternehmen NAMDEB jährlich etwa 1,3 Millionen Karat mit einem Gesamtwert von 300 Millionen Euro aus dem Meer gefischt. Neben dem Tourismus ist der Diamantenabbau eine von Namibias wichtigsten Devisenquellen.

Bis ins Jahr 2011 war Oranjemund im Besitz des Diamantenkonzerns NAMDEB und für Besucher von außen komplett gesperrt. In der 7400-Einwohner-Stadt lebten ausschließlich NAMDEB-Mitarbeiter. Im Jahr 2011 wurde die Stadt von NAMDEB an den namibischen Staat übertragen, seit Ende 2017 ist sie auch für Besucher von außerhalb geöffnet.

DER ATEM DER GESCHICHTE

Ausgangspunkt für Touren zu den alten Diamantenstätten ist aber weiter die Kreisstadt Lüderitz, damals wie heute ziviler Außenposten im Süden Namibias, zwischen den Wogen des Atlantiks auf der einen Seite und den Dünen der Namib auf der anderen. Den Ortskern prägen liebevoll restaurierte Häuser aus der wilhelminischen Epoche, Hinterlassenschaften des Diamantenbooms. In Orten wie Pamona, Märchental und Elisabeth Bay, südlich von Lüderitz, mit ihren verwitterten Fassaden und eingefallenen Dächern spürt man noch etwas vom Atem der Geschichte.

Im Camp Felix Unite am Ufer des Oranje River (ganz oben) finden auch Kanuten ihre Idylle.
In Namibias Süden unterwegs, macht man zwischendurch gern mal ein Päuschen – etwa in der „Tankstelle“ des südlich von Keetmanshoop auf dem Weg zum Fish River Canyon Park (rechts) gelegenen Canyon Roadhouse.

Faszination über Stunden: Das Licht zaubert immer wieder neue Schattierungen über den Fish River Canyon.

DAS SCHÜRFEN ALS MARTYRIUM

Nur mit Schaufeln und Sieben bewaffnet robbten die Männer damals durch den Sand. In Blechdosen sammelten sie alles, was den Anschein hatte, ein Edelstein zu sein. Das Schürfen per Hand und der Transport mit Ochsenwagen waren ein Martyrium. Doch die Diamantenfunde führten überall an der Küste zu einem Boom. Die eilig aus dem Boden gestampfte Diamantenstadt Kolmanskuppe bei Lüderitz, wohin die Edelsteine von den Schürfstellen in der Namib geschafft wurden, blühte Anfang des 19. Jahrhunderts auf: Kasino, Kegelclub, Tanzsaal, Sporthalle, Krankenhaus mit Röntgengeräten und eine Eisfabrik, in der Wasser und Limonade hergestellt wurden, waren die Insignien des neuen Wohlstands. Eine Straßenbahn brachte jeden Morgen frisches Eis aus der Eisfabrik in die Häuser.

DAS ERBE DER ZEIT

Noch heute kann man die Stadt besichtigen und zwischen den Hausruinen herumlaufen. Hier liegt eine Badewanne vergraben, dort verläuft ein alter Stacheldrahtzaun. Einige Gebäude sind im Inneren bis zur Decke mit Sand gefüllt. Die trockene Wüstenluft hat die Gebäude über hundert Jahre lang konserviert, sodass sie beinahe noch dastehen wie damals – nur ohne Menschen.

Kolmanskuppe war zwar aufgrund seiner Nähe zu Lüderitz eine der am weitesten entwickelten Diamantenstädte, aber nicht die wichtigste. Die größten Diamantencamps lagen einst bei Conception Bay an der Nordgrenze der ehemaligen „Diamond Area No. 2". Mittlerweile gehört das Gebiet zum Namib Naukluft Park. Wer das Glück hat, mit einem der Lüderitzer Tourismusunternehmen in den Park zu gelangen, dem wird der Irrsinn des Diamantenfiebers in Namibia mit einem Schlag bewusst. Hunderte Kilometer von der nächsten Ortschaft entfernt schälen sich mitten im Nichts der Namib die windschiefen Skelette von Siedlungen wie Holsatia, Charlottenfelder und Grillenberger aus dem Sand. Wie verlassene Filmkulissen ragen die Überreste der Schürfstätten aus der Wüste. Der Wind hat ihre Holzfassaden glatt geschliffen, viele Wände sind einfach umgekippt. Quadratkilometer um Quadratkilometer wurde hier einst der Wüstensand abgetragen – die vielen Sandhaufen drum herum bezeugen es nach wie vor. Mit ihren Ochsenkarren schafften damals die Arbeiter das Rohmaterial an zentrale Plätze, um dann dort die Diamanten herauszusieben. Riesige Ochsenfriedhöfe, auf denen Hunderte von Hörnern aus der Einöde ragen, zeichnen ein ganz eigenes Bild dieser Zeit. Verlassen wurden all die Orte schon in den 1930er-Jahren. Seitdem holt sich der Wüstensand das Seine zurück, Zentimeter um Zentimeter.

GROSSES SCHLUCHTENSYSTEM

Der Fish River Canyon ist das größte Schluchtensystem Afrikas und nach dem Grand Canyon der zweitgrößte Canyon der Erde. Einer Legende vom Stamm der Nama zufolge soll das Schluchtensystem entstanden sein, als eine Riesenschlange auf der Flucht vor ihren Jägern, deren Vieh sie gerissen hatte, in die Wüste entkam, sich im Todeskampf wand und dabei den Boden aufriss.

Etwas prosaischer klingt die geologische Erklärung. Danach entstand der Fish River Canyon wohl vor rund 500 Millionen Jahren aufgrund von tektonischen Verschiebungen im Erdinneren. Die Oberfläche sank entlang von Rissen in der Erdkruste ein, sodass sich ein breiter Graben bildete. Darin bahnte sich der Fluss seinen Weg. Mit dem Auseinanderbrechen des Urkontinents Gondwana, der einst Afrika und Südamerika vereinte, hoben sich die Ränder an. Auf diese Weise bildete sich aus dem flachen Mäanderband der Fish River Canyon in all seiner überwältigenden Pracht.

RUND 500 MILLIONEN JAHRE ALT IST DER FISH RIVER CANYON.

Die reizvollsten Aktivitäten mit Kindern

ABENTEUER-SPIELPLATZ NAMIBIA

Mit der Familie nach Afrika? In Namibia ist das problemlos möglich. Da die Fahrten mit dem eigenen Wagen meist lang sind, bietet man den Kindern zwischen den Safaris am besten etwas Abwechslung. Wir stellen sieben Orte bzw. Erlebnisse vor, die Groß und Klein begeistern.

1 Zu Besuch bei den Kleinen Fünf

Wohl bei keiner Tour werden Sie Ihre Kinder begeisterter sehen als bei einem Halbtagesausflug von Swakopmund in die Dünen der Namib-Wüste (s. a. S. 83). Wüstenkenner Chris Nel erklärt den Teilnehmern das fragile Ökosystem des UNESCO-Weltnaturerbes Namib-Wüste und spürt in den Dünen die kleinen Tiere auf, die unter dem Wüstensand leben, darunter der fast durchsichtige Palmato-Gecko (Abb.).

Living Desert Adventures, Tel. 064 40 50 70, www.livingdesertnamibia.com

2 Haie, Rochen & Co. im National Marine Aquarium of Namibia

Was lebt in den Gewässern Namibias? Das und andere Geheimnisse des Meeres lüftet das Aquarium von Swakopmund. Die Becken werden durch ein Filtersystem mit Wasser aus dem Atlantik versorgt. Für Kinder besonders beeindruckend: Das größte Becken ist zwölf Meter lang, acht Meter breit und von einem Tunnel durchzogen, von dem aus Haie und Rochen aus nächster Nähe bestaunt werden können. Außerdem sind Meerestiere zu sehen, die typisch für die namibischen Gewässer sind, darunter Brassen, Kabeljau, Schwertfisch, Gelbflossen-Thun, Blauhai und Ohrenrobbe. Begeistert sind die Kleinen auch von den Meeresschildkröten und natürlich von den Brillenpinguinen. (Das Aquarium wird derzeit renoviert und soll Anfang 2025 wieder eröffnen.)

National Marine Aquarium of Namibia, Strand Street, Swakopmund, Tel. 064 4 10 12 14, www.namibweb.com/aquarium.htm

3 Reptilien im Living Desert Snake Park

Schlangen, Skorpione und Reptilien: Etwa 70 verschiedene Tiere sind im Swakopmunder Schlangenpark untergebracht. Darunter sind afrikanische Schlangenarten wie die Zebraschlange und die Afrikanische Baumschlange, aber auch Tiere von anderen Kontinenten, etwa eine Albino-Klapperschlange aus Nordamerika und eine Boa Constrictor. Der mit Abstand giftigste Bewohner des Schlangenparks ist eine drei Meter lange Schwarze Mamba.

The Living Desert Snake Park, 5 Libertina Amathila Street, Swakopmund, Tel. 064 40 51 00

4 Kristall Galerie

Entstanden ist die Kristall Galerie in Swakopmund als Hobby von Unternehmensgründer Johannes Adolf Kleynhans. Heute gilt sie als eine der größten Quarzkristallsammlungen der Welt. Ausgestellt sind gigantische Kristalle, Halbedelsteine, Edelsteine, darunter jede Menge Meisterwerke der Natur, wie der größte bekannte Kristall-Cluster der Welt. Er ist 520 Millionen Jahre alt, 14 100 Kilo schwer und fast doppelt so groß wie ein durchschnittlicher Erwachsener.

Kristall Galerie, Ecke Tobias Hainyeko/Theo-Ben Gurirab Avenue, Swakopmund, Tel. 081 1 27 26 90, https://kristallgalerie.com

5 Raubkatzen ganz nah im Okonjima Nature Reserve

Für den, der Raubkatzen und seltene afrikanische Tierarten liebt, führt kein Weg an Okonjima vorbei. Das 200 Quadratkilometer große private Reservat ist der ideale Ort, um bei Wildbeobachtungsfahrten Leoparden, braune Hyänen, Karakale, Groß- und Kleinfleck-Ginsterkatzen, Afrikanische Wildhunde, Erdwölfe, Löffelhunde, Honigdachse, Pangoline, Zorillas sowie Schlank-, Fuchs-, Zebra- und Zwergmangusten und sogar Nashörner zu beobachten. Okonjima ist auch der Sitz der Africat-Stiftung. Einst beherbergte das Reservat die größte Geparden-Population weltweit. Doch wegen des wachsenden Drucks von Leoparden auf den Gepard mussten die Verantwortlichen das Geparden-Rehabilitierungsprogramm 2019 aufgeben. Im Reservat gibt es verschiedene Unterkünfte für jeden Geldbeutel sowie einen schönen Campingplatz mit fünf Stellplätzen.

Okonjima Nature Reserve, Tel. 067 31 40 00, www.okonjima.com

6 Wandern im Wüstensand

Der sogenannte Tok Tokkie Trail gehört zu den authentischsten Wüstenerlebnissen in Namibia. Auf der dreitägigen Wanderung durch die Ausläufer der Wüste entdecken Groß und Klein hautnah die Geheimnisse der Namib wie die nebelsammelnden Tok-Tokkie-Käfer, bellende Geckos, tanzende Spinnen und Löffelhunde. Gespeist wird am Lagerfeuer mit einem Drei-Gänge-Dinner, geschlafen unter dem millionenfach funkelnden Sternenzelt der Namib.

Unlimited Travel, Tel. 061 26 45 21, www.toktokkietrails.com

7 Sterne gucken auf Tivoli

An wenigen anderen Orten der Welt ist die Lichtverschmutzung so gering wie in Namibia. Ein Besuch der Tivoli Southern Sky Guest Farm von Reinhold und Kirsten Schreiber, etwa 180 Kilometer südöstlich von Windhoek, ist deshalb ein Muss für große und kleine Sternengucker. Wer seine Kinder für die Astronomie begeistern will, der findet auf Tivoli einen Sternenhimmel von atemberaubender Pracht mit hervorragend ausgestatteten Beobachtungseinrichtungen. Ideale Bedingungen bieten die namibischen Wintermonate von Mai bis September. Ein besonderes Erlebnis für die Kleinen: Bequem vom Hochsitz des Wildcamps aus lassen sich in der Abenddämmerung die typischen Tiere des namibischen Farmlands beobachten, wie Oryx, Springbock, Kudu, Blessbock, Warzenschwein oder Steinböckchen.

Tivoli Southern Sky Guest Farm, Tel. 062 58 14 05, www.tivoli-astrofarm.de

Namib-Naukluft National Park
Namib Desert
Lüderitz
Kolmanskop
Ghost Mining Town
Grasplatz
Tsaukaib
Haalenberg
Garub
Aus (1600)
Groot Löwenberg
Tirool
Schakalskuppe
Guibes
Goageb
Sandverhaar
Feldschuhhorn
Seeheim
Old Fort
Keetmanshoop
Gobas
Jurgen
Gariganus
Quiver Tree Forest Kokerboomwoud
Mukurob (Fallen Rock Finger)
Brukkaros
Extinct volcano
Berseba
Tses
Asab
Grundorner
Kameelrivier
Tsawisis
Wasser
Shirley
Salt Pan
Koës
Brakpan
Eindpaal
Tweerivier
Kgalagadi Transfrontier Park
Mata Mata
Gaibis
Springboktrek Suid
Gross Aub
Rietfontein
Aroab
Hakskeenpan
Stone Rondavel
Warmfontein
Vredeshoop
Obobogorap
Noenieput
Narubis
Nordeck
Schroffenstein 2202
Groot Karasberge
Klein Karasberge
Koubisberge
Gawachab
Chamietes
Holoog
Gorges
Klein Karas
Signalberg
Gondwana Canyon Park
Grünau
Gemsvlakte
Kanus
Nanzes
Groenrivier
Karasburg
Nuwefontein
Hamab
Kums
Ariamsvlei
Nakop
Platrant
Augrabies Falls N. P.
Blydeverwacht
Warmbad
Velloor
Onseepkans
SOUTH AFRICA
Haib
Fish River Canyon
Fish River Lodge
Ai-|Ais Hot Springs
|Ai-|Ais
Hunsberge
Chumberge
Tandjieskoppe
Noordoewer
Vioolsdrif
Kotzehoop
Außenkehr
Norotshama 859
Richtersveld Transfrontier Park
Richtersveld National Park
Richtersveld Cultural Landscape
Richtersveld
Eksteenfontein
Khubus
Oranjemund
Alexanderbaai
Alexanderbaai
Wreck Point
Sendelingsdrif
Rosh Pinah
Namusberge
Witputz
Huib-Hochplato
Swartkloofberge
Sandykop
Rock Engravings Music Stones
Hope
Bethanie
House Schmelen
Mooifontein
Helmeringhausen
Pfolz
Rooirand
Tirasberge
Namtib
Sinclair
Eidsemub
Aurus
Namaland
Kirchberg
Koichab Pan
Awasibberge 1752
Tsau-||Khaeb National Park
Augub 1490
Rooiberg 1121
Roter Kamm Crater
Bogenfels Rock arch
Chamais
Chamais Bay
Affenrücken
Plumpudding Island
Sinclair's Island
Cape Dernburg
Pomona Island
Albatross Rock
Possession Island
Elizabeth Bay
Boots Bay
Seal I.
Penguin I.
Diaz Point
Hottentots Bay
Hottentots Point
Maßstab 1:2.000.000
0
40 km

WEITE UND EINSAMKEIT

Eingebettet zwischen dem Atlantik und den Dünen der Namib ist Südnamibia das Land unermesslicher Weite und Einsamkeit. Zu den Hauptattraktionen gehören der Köcherbaumwald bei Keetmanshoop, der Fish River Canyon, das Kolonialstädtchen Lüderitz und die verlassenen Pferde der Namib.

1 Lüderitz

Der portugiesische Seefahrer Bartolomeu Diaz landete 1487 als erster Europäer in der Lüderitzbucht. Die Stadt wurde aber erst vier Jahrhunderte später, am 12. Mai 1883, gegründet und nach dem Bremer Kaufmann Franz Adolf Eduard Lüderitz benannt, der gehofft hatte, hier Bodenschätze zu finden. Doch der Kaufmann blieb erfolglos und musste seinen Besitz schon 1885 an die Deutsche Kolonialgesellschaft für Südwestafrika weiterveräußern. Erst 1908 wurden bei Kolmanskuppe Diamanten entdeckt. Bis 1915 entwickelte sich Lüderitz zu einem florierenden Handelshafen, der nach dem Ersten Weltkrieg an Bedeutung verlor.

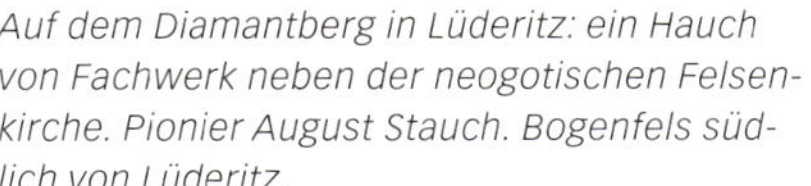

Auf dem Diamantberg in Lüderitz: ein Hauch von Fachwerk neben der neogotischen Felsenkirche. Pionier August Stauch. Bogenfels südlich von Lüderitz.

Tipp

Schatzsuche(r)

Die schönsten und größten Diamanten Namibias wurden nördlich von Lüderitz gefunden. Auf einer geführten 7-tägigen Tour gelangt man mit dem Auto an Orte, die mehr als 100 Jahre lang nicht mehr für die Öffentlichkeit zugänglich waren. Die Fahrt führt einmal quer durch die Namib von Lüderitz nach Walvis Bay. Dazwischen liegen 300 km Sand und einige der höchsten Dünen der Erde. Eine Spazierfahrt ist der Ritt über die Dünen nicht, denn Hilfe ist unterwegs nicht zu erwarten. Keine Werkstatt, keine Tankstelle, kein Dorf weit und breit. Doch die Tour mit bis zu 16 Autos ist ein Spektakel, und nachts schläft man aufs Angenehmste erschöpft in seinem Zelt oder in den Dünen.

Preise je nach Saison ab 970 €, bei Eigenanreise und Fahrt mit dem eigenen (Allrad!-)Fahrzeug. Faces of the Namib, www.facesofthenamib.com

SEHENSWERT/MUSEUM

Viele Fassaden in der Altstadt stammen noch aus der Kaiserzeit. Nach der Unabhängigkeit 1990 wurden sie teils großzügig restauriert. Sehenswert sind das **Kreplin-Haus**, das **Goerke-Haus**, die evangelisch-lutherische **Felsenkirche** von 1912 und der **Lüderitzer Bahnhof**. Im **Stadtmuseum** von Lüderitz sind Exponate aus der Geschichte der Stadt ausgestellt.

Außerhalb lohnen der Besuch des **Kreuzes von Bartolomeu Diaz** auf der Diaz-Spitze und des **Lüderitz-Denkmals** auf der Halbinsel Shark. Gesehen haben sollte man die etwa 10 km entfernte Geisterstadt **Kolmanskuppe**, die dank ihrer reichen Diamantenvorkommen um 1910 eine der wohlhabendsten Städte der Welt war.

RESTAURANTS

Im €€ **Diaz Coffee Shop and Restaurant** in der Bismarck Street (Tel. 081 7 00 04 75) sollte man vor allem die frischen Austern probieren. Ein hervorragender Platz, um Meeresfrüchte zu essen, ist auch das **Ritzi's** (Tel. 063 20 28 18) in der Hafenstraße; hier steht täglich fangfrischer Atlantikfisch auf der Karte.

UNTERKÜNFTE

Das zentrumsnah gelegene €€ **Lüderitz Nest Hotel** hat 70 Zimmer, alle mit Blick auf den Atlantik, Aircondition, Satelliten-TV und Telefon, außerdem einen privaten Strand mit Bademöglichkeit sowie ein eigenes Schwimmbad (Tel. 063 20 40 00, www.nesthotel.com).

Das €€ **Shark Island Resort** ist die schönste Unterkunft weit und breit, mit fantastischem Blick auf die Bucht. Originell ist die Übernachtung im Leuchtturm (nur 4 Betten, Selbstversorgung); ansonsten stehen 20 Stellplätze zur Verfügung sowie Pools, Bar und Restaurant (Namibia Wildlife Resorts, Tel. 061 2 85 72 00, www.nwr.com.na).

2 Tsau-||Khaeb-(Sperrgebiet)-Nationalpark

Der 26 000 km² große **Nationalpark** **TOPZIEL** liegt südlich der Teerstraße von Aus nach Lüderitz und grenzt an den Ai-Ais/Richtersfeld Transfrontier National Park. Jahrzehntelang durfte kein Besucher in das Sperrgebiet. Heute werden Touren dorthin angeboten (s. Tipp).

3 Aus

Während der Kolonialzeit hatte die deutsche Schutztruppe in Aus einen bedeutenden Stützpunkt. Nach der Kapitulation der Deutschen unterhielt die südafrikanische Armee hier ein **Gefängnis,** das heute als Nationales Denkmal besichtigt werden kann. Im Zentrum von Aus gibt es zudem einige schön restaurierte Kolonialfassaden.
Rund 20 km westl. von Aus leben die **Wüstenpferde.** Der Schnittpunkt dreier ökologischer Zonen (Dünen-Namib, Nama-Karoo und Sukkulenten-Karoo) ist auch Heimat von ca. 500 verschiedenen Pflanzenarten – einem Fünftel der gesamten Flora Namibias.

UNTERKÜNFTE
1400 m über Seehöhe in den Aus-Bergen gelegen, bietet die Lodge **€€ Klein Aus Vista** eine grandiose Sicht auf die unendlich wirkenden Ebenen Südnamibias. Die 30 geräumigen und geschmackvoll eingerichteten Zimmer des „Desert Horse Inn" verfügen über Bad und WC. Nur 15 Automin. von der Rezeption entfernt schmiegen sich die acht einsamen Chalets des „Eagle's Nest" zwischen mächtigen Granitfelsen an einen Berghang. Jedes Chalet verfügt über Bad, Kochnische, Kamin und private Veranda (Tel. 063 25 80 21, www.gondwana-collection.com, www.klein-aus-vista.com).
Das privat geführte Biosphärenreservat der **€€ Namtib Desert Lodge** nimmt eine Fläche von insgesamt 164 km² ein und liegt am Rand der Namib-Wüste in den Tirasbergen. Die Farmbesitzer offerieren verschiedene Aktivitäten wie Naturfahrten, geführte Wandertouren, Vogelbeobachtung, Wüstenwanderungen und Sternenbeobachtung. Als Unterkunft bieten sich die rustikalen Zimmer der Lodge an oder der Campingplatz „Little Hunter's Rest" (Tel. 063 68 30 55, www.namtib.net).

4 Keetmanshoop

Keetmanshoop wurde im Jahr 1866 von der Rheinischen Mission gegründet. Namensgeber war der deutsche Kaufmann Johann Keetman, der die Missionare im Süden Namibias zwar finanziell unterstützte, Keetmanshoop aber selbst nie besuchte. Im Jahr 1894 wurde das **Keetmanshooper Fort** von den Arbeitern der deutschen Schutztruppe gebaut, 11 Jahre später die von Wilhelm Sander entworfene **Steinkirche,** die noch immer das Stadtbild prägt. Keetmanshoop ist heute ein lebhaftes Städtchen mit rund 28 000 Einwohnern.

Oben: Groß und Klein auf dem Weg zur Tränke. Rechts oben: Unterwegs im Fish River Canyon. Rechts: Poolfreuden in der Canyon Lodge im Gondwana Canyon Park.

Tipp

Ins Sperrgebiet

Wer keine ganze Woche in der Wüste verbringen will, kann sich auch für einen Tag ins Zeitalter des Diamantenfiebers in Namibia zurückversetzen lassen. Verschiedene Anbieter in Lüderitz veranstalten Tagestouren in den **Tsau-||Khaeb-(Sperrgebiet)-Nationalpark** (ehem. Diamond Area No. 1) südlich der Stadt. Meist geht es zum 55 m hohen Bogenfels, in die alten Geisterstädte Pamona, Märchental und Elisabeth Bay, in eine moderne Diamantenmine und zur Robbenkolonie von Atlas Bay.

Buchung u. a. über Bogenfels and Diamonds Tours, Tel. 081 1 43 98 37, www.bogenfelsnamibia.com

UNTERKÜNFTE
Die **€€ Central Lodge** in der Fifth Street, direkt im historischen Zentrum und in unmittelbarer Nähe des Kaiserlichen Postamts gelegen, verfügt über 27 komfortable Zimmer. Alle sind ausgestattet mit privatem Bad, Klimaanlage, Telefon und Satelliten-TV (Tel. 063 22 58 50, www. central-lodge.com).
Das **€€ Quivertree Forest Rest Camp** liegt auf dem Gelände der Farm Gariganus, rund 13 km nordöstl. von Keetmannshoop. Zwei Gästehäuser mit je 3 Zweibettzimmern, 3 Iglu-Bungalows mit einem Doppel- und einem Einzelbett, ein Familienzimmer sowie Stellplätze bieten guten Komfort (Tel. 081 6 96 51 17, www.quivertree forest.com).

DER KGALAGADI TRANSFRONTIER PARK WAR DER ERSTE GRENZÜBERGREIFENDE PARK IM SÜDLICHEN AFRIKA.

5 Köcherbaumwald

Zwar gibt es in Namibia etliche Orte, an denen die seltenen Bäume wachsen, doch keiner ist so schön wie dieser. 240 Köcherbäume stehen versprengt zwischen riesigen Granitblöcken; teilweise sind sie mehr als 200 Jahre alt. Der **Köcherbaumwald** **TOPZIEL** liegt auf dem Gelände der **Farm Gariganus** an der Straßengabelung der M 29 und C 17. Im Jahr 1955 wurde er zum Nationalen Denkmal erklärt. Am schönsten ist der Besuch in den Morgen- und Nachmittagsstunden.

6 Fish River Canyon

Der rund 160 km lange, an einigen Stellen bis zu 27 km breite und bis zu 550 m tiefe **Fish River Canyon** **TOPZIEL** gehört heute zum transnationalen Ai-Ais/Richtersveld Transfontier Park. Vielleicht den schönsten Überblick ermöglicht der im Jahr 2010 eröffnete Aussichtspunkt der Windhoeker Architektin Nina Maritz. Da der Fluss bereits bei Hardap in der Nähe von Mariental gestaut wird, führt er im größten Teil des Jahres nur geringe Wassermengen mit sich. Im Winter, während der Trockenzeit, sieht man oft überhaupt keines oder nur kleine Tümpel. Nach Regengüssen im Südsommer verwandelt sich der Fluss dagegen in einen reißenden Strom. Hellblau spannt sich dann der namibische Himmel über den Canyon, eine bizarre Welt eröffnet sich dem Besucher: Links und rechts gewaltige Felsen, dazwischen blinzeln immer wieder die drachenförmigen Blätter der Köcherbäume hervor. Hier grüßen verstohlen die stacheligen Arme

einer Kandelaber-Euphorbie, dort steht eine Ansammlung mächtiger Tamarisken. Herero-Veilchen säumen den Weg. Vielfältig ist die Tierwelt im Canyon: Kudus, Bergzebras, Springböcke und Oryx-Antilopen gehören ebenso zum Portfolio wie Klippspringer und Klippschliefer – murmeltierartige Wesen, die ihre Zeit bevorzugt damit verbringen, zwischen den Felsen hin und her zu eilen.

UNTERKÜNFTE

Im **€ Canyon Roadhouse**, 14 km vom Tor zu den direkt an der Straße zum Fish River Canyon gelegenen Aussichtspunkten, gibt es 24 gepflegte Zimmer mit Klimaanlage, Bad, ein Schwimmbecken, eine Tankstelle und ein Erlebnisrestaurant mit Bar und Terrasse. Im Canyon Info Centre erklären Schautafeln Geologie, Flora, Fauna und Geschichte des Canyons (Tel. 061 42 72 00, www.gondwana-collection.com).

Nur 20 km vom Fish River Canyon entfernt bietet die **€€€ Canyon Lodge** 30 Naturstein-Chalets mit Klimaanlage, Bad und WC. Alle Chalets sind mit Stroh gedeckt, schmiegen sich, von Weitem kaum sichtbar, an die mächtigen Granitfelsen und vermitteln dem Gast das Gefühl, mitten in der Natur zu wohnen (Tel. 061 42 72 00, www.gondwana-collection.com).

Das Resort **€€ /Ai-/Ais Hotsprings Spa** am Südende des Fish River Canyon punktet mit spektakulärer Lage und Thermalwasser: ca. 60 °C heiß und reich an Sulfaten, Chloriden, Fluoriden. Die Anlage verfügt über 7 Familien-Chalets, 16 Doppelzimmer mit Blick auf den Fluss, 20 Zimmer mit Blick auf die Berge, Campingplatz, Hallenbad und Freibad. Neben dem Hotel gibt es ein Restaurant und eine Tankstelle (Namibia Wildlife Resorts, Tel. 061 2 85 72 00, www.nwr.com.na).

7 Kgalagadi Transfrontier Park

Der 38 000 km² große Kgalagadi Transfrontier Park war der erste grenzübergreifende Park im südlichen Afrika. Entstanden ist er durch die Zusammenlegung des Kalahari Gemsbok National Park in Südafrika und des Gemsbok-Nationalparks in Botswana. Den Abstecher über Namibias Landesgrenzen hinaus lohnt eine reiche Tierwelt; verschiedene Antilopenarten, Gnus, Giraffen, Hyänen, Schakale, Geparden, Leoparden und die berühmten schwarzmähnigen Kalahari-Löwen leben hier in einer faszinierenden Umgebung zwischen feuerroten Dünen, gelbem Gras und leuchtend blauem Himmel. Besucher können z. B. von Mariental oder Keetmanshoop über den Grenzübergang Mata Mata direkt in den Park einreisen. Allerdings müssen sie mindestens 2 Nächte in einem der Hauptcamps Mata Mata, Nossob oder Twee Rivieren vorausgebucht haben.

INFORMATION/RESERVIERUNG

South African National Parks,
Tel. +27 1 24 28 91 11, www.sanparks.org

PADDELN AUF DEM ORANJE

Leise, beinahe unhörbar stechen die Paddel ins Wasser. Wie in Zeitlupe gleiten wir dahin. Links und rechts türmen sich mächtige Berge auf. Wir treiben an riesigen Granitfelsen vorbei, die im Morgenlicht golden leuchten, und an erkalteten Lavaformationen. Im Schilf flattert, zwitschert und spritzt es: Schreiseeadler, Nilgänse und Goliath-Reiher gehören zu unseren frühmorgendlichen Begleitern.

Eine Kanutour auf dem Oranje-Fluss in Südnamibia ist mehr als nur ein Ausflug auf dem Wasser. Die mehrtägigen Touren führen durch einsame Landschaften und an den Puls der Natur. Mahlzeiten am Lagerfeuer, Nächte unter dem afrikanischen Sternenhimmel, keine Menschenseele weit und breit. Hier ist man Afrika ganz nahe – und das, ohne auch nur den geringsten ökologischen Fußabdruck zu hinterlassen.

Der 2160 Kilometer lange Oranje ist nach dem Sambesi der zweitlängste Fluss im südlichen Afrika. Er entspringt im Hochland von Lesotho, fließt durch die Drakensberge in Südafrika und bildet an seinem Unterlauf die Grenze zwischen Namibia und Südafrika. Beim Diamantenstädtchen Oranjemund mündet er in den Atlantischen Ozean.

Der Oranje ist das Ziel der Kanuten.

Der Oranje ist bekannt für seine rasanten Strömungen. Besonders beliebt am Oberlauf ist Wildwasser-Rafting. Die Kanutouren am Unterlauf sparen die großen Stromschnellen aus, sodass selbst Kinder auf den Kanus mitreisen können. Jede Tour startet und endet im Provenance Camp. Die 17 einfachen Zweier-Cabañas und zwei Familien-Cabañas sind mit Klimaanlage, Deckenventilator, Dusche und WC ausgestattet. Es gibt sogar eine Flitterwochensuite.

Das südafrikanische Unternehmen Felix Unite bietet 4- und 6-tägige Touren auf dem Oranje an. Sie kosten je nach Jahreszeit ab 280 €. Die Übernachtungen im Provenance Camp gehen extra.
Buchung: Felix Unite, Tel. +27 87 354 05 78, www.felixunite.com

HILFREICH & NÜTZLICH

Keine Reise ohne Planung. Auf den folgenden Seiten sind Wissenswertes und nützliche Informationen für Ihren Aufenthalt in Namibia zusammengestellt.

Hererofrauen bei Furros in ihrer Tracht

Anreise

Mit dem Flugzeug: Von Deutschland erreicht man Namibia am besten mit Discover Airlines (www.discover-airlines.com). Die Lufthansa-Tochter fliegt je nach Jahreszeit ab ca. 350 € pro Strecke von Frankfurt und München nach Windhoek. Alternativ geht es mit Lufthansa (www.lufthansa.com) und Airlink (www.flyairlink.com) über Johannesburg oder mit Qatar Airways über Doha (www.qatarairways.com) in die namibische Hauptstadt. Air Namibia hat die Pandemie nicht überlebt. South African Airways (www.flysaa.com) fliegt inzwischen mit einigen Regionalflugzeugen wieder. Regionale Flüge innerhalb des südlichen Afrika und innerhalb Namibias bieten die südafrikanische Regionalfluggesellschaft Airlink (www.flyairlink.com) sowie FlyNam (www.flynam.com) an.

Auskunft

Namibia Tourism Board (NTB): Kaiserstr. 77, 60329 Frankfurt, Tel. +49 69 7 70 67 30 92, www.visitnamibia.com.na

INTERNET

Allgemeine Zeitung Windhoek: www.az.com.na (auf Deutsch)
Deutsch-Namibische Gesellschaft e.V.: www.dngev.de
Offizielle Webseite der namibischen Regierung: www.gov.na
Namibiana-Buchdepot: www.namibiana.de
Schweizer Namibia-Forum: www.namibia-forum.ch
Website zu Namibia: www.booknamibia.com

Autofahren

Vorsicht ist geboten, denn selbst die Schotterpisten sind meist gut befahrbar und verleiten zu überhöhter Geschwindigkeit. Man sollte sich allerdings in jedem Fall an die Vorschriften halten. In Ortschaften gelten 60 km/h, auf Schotterstraßen 80 km/h, auf Asphaltstraßen 120 km/h. Achtung: In Namibia herrscht Linksverkehr! Tipp für lange Überlandfahrten: Stets ausreichend Wasser und einen Extrakanister mit Benzin mit sich führen. Grundsätzlich gilt es jede sich bietende Tankmöglichkeit zum Nachtanken zu nutzen. Wer auf Nummer sicher gehen will, kauft sich eine Landkarte mit eingezeichneten Tankstellen. Außerdem wichtig: Auf keinen Fall nachts reisen, denn viele Gebiete sind nicht eingezäunt; Wild und Haustiere laufen frei herum.

Botschaften und Konsulate

Deutsche Botschaft: Sanlam Center, 6. Stock, Independence Avenue 145, Windhoek, Tel. 061 27 31 00, Notfall-Tel. 081 1 24 35 72 (Mobil), Mo.–Do. 7.30–16.45, Fr. 7.30–13.30 Uhr, www.windhuk.diplo.de
Österreichisches Honorarkonsulat: Hella Kuppe Street 27, Olympia, Tel. 081 1 29 15 10, www.bmeia.gv.at
Schweizerisches Generalkonsulat: No. 1 Thibault Square, Ecke Long Str./Hans Strijdom Avenue, 26th Floor, 8001 Kapstadt, Südafrika, Tel. +27 21 4 00 75 00, www.eda.admin.ch/capetown
Botschaft der Republik Namibia in Deutschland: Reichsstr. 17, 14052 Berlin, Tel. 030 2 54 09 50, www.namibia-botschaft.de

Camping

Wildes Campen ist nicht zu empfehlen, weil viele Grundstücke und Farmen Privateigentum sind. In jedem Fall sollte der jeweilige Farmer vorher um Erlaubnis gefragt werden. Die Naturschutzgebiete sowie einige der privaten Gästefarmen und Lodges verfügen über gute Campingplätze. Im **Beherbergungsführer** des Namibia Tourism Board (NTB) findet sich bei vielen Unterkünften das Camping-Symbol.

Essen und Trinken

Besonders zu empfehlen sind **Wildgerichte** wie Oryx-Antilope, Springbock und Kudu. Großer Beliebtheit erfreut sich auch Straußenfleisch. Eine Spezialität ist **Biltong** – luftgetrocknetes Fleisch von Rind oder Kudu, eine Knabberei für zwischendurch; dünne Fleischstreifen werden mit Salz, Pfeffer, Koriander, Essig und Bikarbonat gepökelt, anschließend luftgetrocknet. Etwas mehlig, dafür reich an Protein sind die auf vielen Märkten angebotenen getrockneten **Mopane-Raupen**. Die 5–8 cm langen Insekten werden in der Regel mit Tomaten, Chili und Zwiebeln zu einem Eintopf gekocht. Vielerorts gibt es sie auch geröstet als Snack. Sehr gut ist das **Windhoek-Lager-Bier**.

Feiertage

Neujahr: 1. Januar
Unabhängigkeitstag: 21. März
Ostern: März/April
Tag der Arbeit: 1. Mai
Cassinga-Tag (Erinnerung an den Unabhängigkeitskampf): 4. Mai
Christi Himmelfahrt: Mai
Afrika-Tag: 25. Mai
Genozid-Gedenktag (ab 2025): 28. Mai
Herero-Tag (Helden-Gedenktag): 26. August
Tag der Menschenrechte: 10. Dezember
Weihnachten: 25. Dezember
Familientag: 26. Dezember

Geld

Offizielle Währung ist der Namibia Dollar (N$). 1 N$ entspricht ca. 0,05 € bzw. 1 ZAR (südafrikanische Rand). In Namibia werden beide Währungen akzeptiert. Viele Unterkünfte, Restaurants, Tankstellen und Geschäfte akzeptieren Kreditkarten. An Geldautomaten kann man auch mit Master- oder Visa-Card (nur mit PIN!) sowie mit der Girokarte Geld abheben. Wer auf Nummer sicher gehen will, nimmt außerdem Reiseschecks in Euro mit. Wechselkurse: www.oanda.com/currency-converter.

Gesundheit

Es sind keine Schutzimpfungen vorgeschrieben. Wer aus einem gelbfiebergefährdeten Land einreist, muss eine Gelbfieberimpfung nachweisen. Malaria-Prophylaxe wird nur für den Norden des Landes und den Caprivi-Streifen empfohlen, vor allem in der Regenzeit (Dez. bis März). Unerlässlich sind Impfungen gegen Tetanus, Diphterie und Polio. Sinnvoll ist es zudem, den Schutz gegen Hepatitis aufzufrischen.

Literaturtipps

Iwanowski's Namibia, 32. Aufl. 2024. Reiseführer mit vielen individuellen Tipps, großer Karte und Detailkarten zu den Nationalparks.

So weit das Auge reicht: Sanddünen bei Walvis Bay.

Tommy Jaud, **Hummeldumm**: Bestseller über eine skurrile Gruppenreise durch Namibia.
Lucia Engombe, **Kind Nr. 95 – Meine Jugend zwischen Namibia und der DDR:** 1979 wird die siebenjährige Lucia Engombe aus Namibia in ein Kinderheim in der DDR gebracht. 1990 kehrt sie in eine völlig fremde Welt zurück.
Henno Martin, **Wenn es Krieg gibt, gehen wir in die Wüste:** Zwei Deutsche versteckten sich im Zweiten Weltkrieg in den Schluchten des Kuiseb, um der Internierung zu entgehen.
Uwe Timm, **Morenga**: Packender Roman über den Krieg gegen Hereros und Hottentotten zwischen 1904 und 1907.

Notruf

Polizei (auch bei einem Unfall): 101 11
Krankenwagen: 10177
Notrufzentrale (vom Mobiltelefon aus): 112

Outdoor

Angebot: Das Angebot an Outdoor-Aktivitäten in Namibia ist riesig. Verschiedene Reiseveranstalter bieten halbtägige, ganz- oder gar mehrtägige Touren an. Zu den Highlights im Süden zählen mehrtägige Wandertouren im Fish River Canyon, Rafting-Touren auf dem Oranje-Fluss und Ausflüge von Lüderitz ins ehemalige Diamantensperrgebiet. In Swakopmund bzw. im benachbarten Walfish Bay werden u. a. Sandboarden und Quad-Bike-Touren in den Dünen angeboten. Die Naukluft-Berge, das Erongo-Gebirge und der Brandberg eignen sich hervorragend zum Trekking. Eines der Highlights im Norden: Bootstouren auf dem Kwando-Fluss. Vor Ort informieren die Reisebüros in Windhoek und Swakopmund über das breit gefächerte Angebot.
Jagen: Viele Farmen nehmen Jagdgäste auf. Die Trophäenjagd, die auch den Wildbestand reguliert, findet vom 1. Feb. bis 30. Nov. statt. Jagdgewehre dürfen nur mit gültigem namibischem Waffenbesitzschein eingeführt werden. Weitere Infos: Berufsjagdverband (NAPHA), Tel. 061 23 44 55, www.napha-namibia.com

Reisedokumente

Für einen Aufenthalt bis 90 Tage ist ein noch mindestens sechs Monate über den Aufenthalt hinaus gültiger Reisepass bzw. Kinderreisepass erforderlich. Ab 1. April 2025 benötigt man zudem ein Visum, man erhält es bei der Ankunft für 1600 Namibia-Dollar (etwa 80 Euro). Vorab online beantragt kostet es 600 Namibia-Dollar (etwa 32 Euro).
Die Einreisebestimmungen können sich kurzfristig ändern. Daher bitte vorab bei der Botschaft Namibias (s. S. 118) erkundigen.

Reisezeit

Das gesamte Jahr über herrschen angenehme Temperaturen – an rund 300 Tagen scheint die Sonne. Am angenehmsten ist das Reisen in der Trockenzeit zwischen April und Oktober. Dann liegen die Tagestemperaturen in der Regel zwischen 20 bis 25 °C, nachts kühlt es auf bis zu 8 °C ab. Großer Vorteil dieser Zeit: Das Gras steht nicht so hoch, wilde Tiere sind gut zu beobachten, zumal sie sich an den Wasserstellen konzentrieren.

Restaurants

Ausgewählte Restaurantempfehlungen stehen im Infoteil der jeweiligen Kapitel. Dabei gelten folgende Preiskategorien:

Preiskategorien

€€€	Dinner for two	ab 50 €
€€	Dinner for two	ab 20 €
€	Dinner for two	bis 20 €

Sicherheit

Namibia ist ein relativ sicheres Reiseland. Es gelten die üblichen Vorsichtsmaßnahmen. In größeren Städten wie Windhoek oder Swakopmund vollgeladene Autos nicht unbeaufsichtigt parken! Und nicht auf kleinen Rastplätzen an Landstraßen campen!

Telefon

Die Vorwahl für Namibia lautet +264, die Vorwahl aus Namibia nach Deutschland +49, nach Österreich +43 und in die Schweiz +41. Deutsche Mobiltelefone funktionieren in allen größeren Städten. Preiswerter telefoniert man

Info

Daten & Fakten

Staat und Politik: Die Republik Namibia misst 824 292 km² und zählt rund 3,02 Mio. Einwohner. Namibia ist nach der Mongolei das am zweitdünnsten besiedelte Land der Welt. Es ist seit 1990 ein unabhängiger Staat, Hauptstadt ist Windhoek. Das Staatsoberhaupt wird alle 5 Jahre gewählt und ernennt mit dem Kabinett auch einen Premierminister. Das Parlament besteht aus 2 Kammern: der Nationalversammlung (National Assembly) und dem Nationalrat (National Council). Besonderheit: Die namibische Verfassung von 1990 ist eine der ersten weltweit, die den Naturschutz als ein vorrangiges Staatsziel benennt.
Landesnatur und Klima: Namibia wird im Osten von Botswana, im Süden von Südafrika, im Westen vom Atlantik und im Norden von Angola begrenzt. Im Nordosten erstreckt sich der etwa 450 km lange und bis zu 50 km breite Caprivi-Zipfel. Das Klima ist heiß und trocken und wird im Westen vom kalten Benguela-Strom bestimmt. Dieser kühlt den vorherrschenden Südwestwind ab, was in der Namib die Bildung von Regenwolken verhindert. Stattdessen gibt es in den Küstenregionen vor allem morgens regelmäßig dichten Nebel. Die Temperaturen an der Küste sind im Sommer meist angenehm kühl, in den Wintermonaten durchaus kalt. Die Wassertemperatur steigt selten über 15 °C. Der Caprivi-Zipfel ist geprägt von häufigen Niederschlägen.
Bevölkerung: Namibia ist ein Vielvölkerstaat. Ethnische Gruppen sind die San, Damara, Ovambos, Kavangos, Herero, Himba, Caprivianer, Rehobother Baster und Weiße.
Sprache: Offizielle Amtssprache ist Englisch. Die meisten Namibier sprechen als Zweitsprache Afrikaans. Vor allem im Tourismus ist Deutsch eine wichtige Verkehrssprache.
Religion: Rund 87 % der Namibier sind Christen, davon etwa 50 % Lutheraner und 20 % Katholiken, 5 % Niederländische Reformierte und 5 % Anglikaner; dazu kommen einige kleinere Kirchen.
Wirtschaft und Tourismus: Namibias Wirtschaft fußt auf dem Bergbau, der verarbeitenden Industrie, dem Groß- und Einzelhandel und der öffentlichen Verwaltung, Landwirtschaft und Fischereisektor sind wichtige Faktoren. Wichtigster Handelspartner ist Südafrika, gefolgt von der EU. Der Tourismus trug 2022 einen Anteil von 7 % zum BIP bei.

Anzeigen

innerhalb Namibias mit einer namibischen Telefonkarte. Die beiden großen Anbieter sind MTC (www.mtc.com.na) und TN Mobile (www.telecom.na/tn-mobile). Namibische Karten sind z. B. direkt am Hosea-Kutako-Flughafen oder in einem der zahlreichen Teleshops erhältlich.

Unterkünfte

Ausgewählte Unterkunftsempfehlungen stehen im Infoteil der jeweiligen Kapitel. Dabei gelten folgende Preiskategorien:

Preiskategorien

€€€	Nacht/Person	über 150 €
€€	Nacht/Person	60–150 €
€	Nacht/Person	30–60 €

Gästefarmen: Gästefarmen sind eine gute und günstige Unterkunftsmöglichkeit. Neben Unterkunft und Verpflegung bieten sie oft auch Rundfahrten, Grillabende, Wanderungen oder Ausritte an. Die Preise beginnen bei 8 € pro Nacht und Person für einen Campingplatz mit Wasser und Sanitäreinrichtung und gehen bis zu 100 € für einen Bungalow.
Lodges: Die Unterkünfte sind in der Regel von gehobenem Niveau, verfügen oft über ein eigenes Wildschutzgebiet mit Wasserstellen zur Tierbeobachtung und ausgebildeten Wildhütern. Sämtliche Lodges in den Nationalparks, also auch Zelt- und Campingplätze, müssen im Voraus bei Namibia Wildlife Resorts (NWR) reserviert werden (Tel. 061 2 85 72 00, www.nwr.com.na). Die Lodges mit der besten Aussicht haben wir auf S. 78/79 zusammengestellt.

Verkehr

Bahn: Namibia mit der Bahn zu bereisen ist nicht möglich. Auf den Schienen werden vor allem Güter transportiert. Der Touristenzug Desert Express ist derzeit ausgesetzt.
Bus: Das Bussystem Namibias ist zwar gut ausgebaut, als ausschließliches Fortbewegungsmittel für Touristen ist es jedoch ebenso wenig zu empfehlen wie die Bahn, da die meisten Sehenswürdigkeiten weit abseits der Routen liegen. Zu empfehlen sind die Busse nur, um von Windhoek zu diversen Zielen zu kommen, etwa mit dem Intercape Mainliner (www.intercape.co.za). Die einfache Strecke Windhoek–Kapstadt kostet ab 45 €.
Mietwagen: Selbstfahrer sollten den Wagen am besten schon von Deutschland aus buchen. Das ist meist nicht nur günstiger – auch die Auswahl ist größer. Zu den verlässlichsten und preiswerten Autovermietungen zählen Asco Car Hire (www.ascocarhire.com) und Caprivi Car Hire (www.caprivicarhire.com).

Info

Wetterdaten

Windhoek

	Tages-temp. max.	Nacht-temp. min.	Tage mit Nieder-schlag	Sonnen-stunden pro Tag
Januar	30°	17°	7	8
Februar	28°	16°	8	8
März	27°	15°	8	8
April	26°	12°	4	9
Mai	23°	9°	1	9
Juni	20°	7°	0	10
Juli	20°	6°	0	10
August	23°	9°	0	10
September	27°	12°	0	10
Oktober	29°	14°	2	10
November	30°	16°	3	10
Dezember	31°	17°	5	10

Info

Geschichte

Vor 12 bis 15 Mio. Jahren: Funde bei Otavi belegen, dass hier Hominiden lebten.
28 000 v. Chr.: Entstehung der ersten Felszeichnungen durch die Urbevölkerung Namibias, vermutlich San (Buschleute).
1486: Der portugiesische Seefahrer Diogo Cão landet als erster Europäer beim heutigen Cape Cross und stellt dort ein Kreuz auf.
1487/88: Der Portugiese Bartholomeu Diaz errichtet in der Bucht von Angra Pequeña bei Lüderitz ebenfalls ein Kreuz.
16./17. Jh.: Zuwanderung von Bantustämmen (Vorfahren u. a. der Herero und Himba) aus dem Norden in das heutige Namibia.
Um 1800: Erste Auseinandersetzungen der Nama mit den Herero.
Mitte 19. Jh.: Zuspitzung der Auseinandersetzungen zwischen den Nama aus dem Süden und den Herero im Norden.
1878: Die Briten erklären das Gebiet um Walvis Bay zu ihrem Besitz.
1883: Heinrich Vogelsang kauft im Namen des Kaufmanns Adolf Lüderitz Land von den Nama.
1884: Adolf Lüderitz beantragt bei Reichskanzler Bismarck den Schutz seines Eigentums in Afrika. Die Stadt Lüderitz wird zum deutschen Protektorat erklärt, weitere Landkäufe folgen.
1890: Helgoland-Sansibar-Vertrag: Das Deutsche Reich erhält im Austausch für Sansibar Helgoland und den fortan nach dem deutschen Reichskanzler Leo von Caprivi benannten Caprivi-Streifen.
1904–1907: Die Deutsche Schutztruppe schlägt Aufstände der Nama und Herero brutal nieder. In der Schlacht am Waterberg 1904 und der darauffolgenden Flucht finden drei Viertel der Herero den Tod.
1914: Nach Ausbruch des Ersten Weltkriegs marschieren südafrikanische Truppen in Deutsch-Südwestafrika ein.
1915: Die deutsche Schutztruppe kapituliert. Ende der deutschen Kolonialzeit in Namibia.
1919: Im Versailler Vertrag wird Südwestafrika dem Völkerbund unterstellt. Das Gebiet wird fortan von Südafrika verwaltet.
1945: Die UNO übernimmt das Mandat für Südwestafrika. Südafrika erkennt dies nicht an und verwaltet das Gebiet weiterhin.
Ab 1964: Ausweisung von Homelands für die schwarze Bevölkerung.
1966: Beginn des bewaffneten Widerstands unter Führung der South West African People's Organisation (SWAPO) gegen die südafrikanische Besatzungsmacht.
1973: Die UN erkennen die SWAPO als rechtmäßigen Vertreter des namibischen Volkes an.
1978: Nach den (auf internationalen Druck stattfindenden) Wahlen regiert die Turnhallen-Allianz (DTA of Namibia).
1983: Abschaffung der Apartheidsgesetze.
1989: Ein Friedensprozess beginnt. Nach den ersten freien Wahlen unter UN-Aufsicht wird die SWAPO stärkste politische Kraft.
21. März 1990: Namibia wird unabhängig, Sam Nujoma der erste frei gewählte Staatspräsident des Landes.
15. November 2004: Hifikepunye Pohamba wird zum Präsidenten gewählt (auch 2010).
2. März 2015: Der SWAPO-Politiker Hage Geingob wird dritter Präsident Namibias (auch 2019).
2018: Zweite Landkonferenz seit der Unabhängigkeit zur Neuverteilung bestimmter Farmen; wirkliche Änderungen bringt sie jedoch nicht.
2021: Die Bundesregierung erkennt die Gräueltaten des Deutschen Reiches an den Herero und Nama als Völkermord an und stellt Entschädigungen in Aussicht.
2024: Hage Geingob stirbt an den Folgen einer Krebserkrankung. Bei den Parlamentswahlen wird mit Netumbo Nandi-Ndaitwah die erste Frau in Namibias Präsidentenamt gewählt.

REGISTER

Fette Ziffern verweisen auf Abbildungen

A/B

Aus 19, 116
Benguela-Strom 39, 73, 81, 82, 89, 91, 99
Bwabwata-Nationalpark **18**, 69, 78, **79**,
Botswana **58**, 62, 63, 64, 68, 69, 117
Brandberg 83, **90/91**, 99, 119

C

Camp Halali 55, **68**
Camp Kwando **64**, 67, **68**, 69
Camp Serra Cafema **78**, **100**, 101
Cape Cross 77, **86**, 99
Caprivianer **56**, **57**
Caprivi-Zipfel **56**, **57**, 63, **64**, 67, 68
Chobe-Nationalpark 63, 64, 68
Chobe River **58**, **59**,
Chobe Safari Lodge **59**

D

Daan Viljoen Game Park 30
Damara 45, 92
Damaraland 78, 99, 100
Deadvlei 35, 47, 48
Desert Express 29, 77, 120
Desert Rhino Camp **92/93**, **100**
Dorob-Nationalpark 83, 93
Düsternbrook Guest Farm 27

E

Epupafälle **10/11**, 101
Etosha-Nationalpark **12/13**, 18, 27, **50–69**, 78, 93, 99
Etosha-Pfanne 18, 51, 55, 57, 67, 68, 78

F

Fish River Canyon 78, 79, **110**, **111**, 115, **116**, 117, 119
Fish River Lodge 79
Fort Namutoni 53

G

Gobabis 31
Gondwana Canyon Park **108**, 117
Grootberg Lodge 45, 101
Gross-Barmen-Thermalquelle 31
Guestfarm Ghaub 27

H

Haruchas Guest Farm 27
Henties Bay 81, 83, 91, 99
Herero 11, **23**, 29, 30, **73**, 85, 94, 114, **117**, **118**
Himba **14/15**, 78, 85, 88, 92, **94–96**, 99, 100
Himba-Siedlung (im Hartmannstal) **88**
Himba-Siedlung (bei Purros) 78
Hoarusib 78, 91, 93, 94, 100

I/K

Kamanjab 45, 94
Kaokoveld **14/15**, 19, 27, 78, **84/85**, **89**, 92, 93, 97, **99–100**
KAZA-Park **62–64**, 69
Kazile Island Lodge 69
Keetmanshoop 105, **108/109**, 110, 115, 116
Kgalagadi Transfrontier Park 117
Khaudum Game Park 69
Köcherbaumwald **108/109**, 116
Kolmanskuppe 109, 111, 115
Kuiseb Canyon 48, 49
Kunene-Fluss 57, 78, 93, 101

L/M

Little Kulala Lodge **48**
Living Desert Snake Park 112
Lüderitz **16/17**, 35, 102 f., **115**, 116
Maltahöhe 47
Mudumu-Nationalpark 69

N

Nama 29, 30, 31, 39, 111
Nambwa Tented Lodge 69, 78
Namib Desert Lodge 49, 79
Namibia Wildlife Resorts 18, 45, 47, 48, 68, 69, 78, 79, 100, 115, 117
Namib Naukluft Park 27, **32–49**, 81, 83, 93, 111
Namib-Rand-Reservat **42**
Nkasa-Lupala-Nationalpark 68

O

Okahandja 30, 122
Okahirongo Elephant Lodge 78, 100
Okavango-Delta 63, 68
Okonjima Nature Reserve 113
Onduli Ridge Camp 78
Ongongo-Wasserfall 100
Onkoshi (Camp/Lodge) 55, 67, 78, **79**
Opuwo 100, 101
Oranje-Fluss 89, 93, 105, 107, 117
Otjiwarongo 55, 67,
Ovambo 18, 51, 53, 77, 100, 123

P/Q

Petrified Forest 99
Purros 100, **118**

R

Red Dunes Lodge 79
Rehoboth 31
Ruacanafälle 89, 100, 101

S

Sambesi-Fluss 68, 69
San („Buschmänner") **8/9**, **90/91**, 122
Sandwich Harbour 19, 81
Schloss Duwisib 27, **38**, 47
Sesfontein 100
Sesriem 37, 45, **47**
Sesriem Canyon **36**
Skeleton Coast 84
Skeleton Coast National Park 18, 87, 91, 93, 100
Solitaire 37, **48**, 49
Sossus Dune Lodge 41, 47, 79
Sossusvlei 27, 33 f., **40**, 47, 48, **49**
Spitzkoppe **76**, 83
Swakopmund 70 f., 91, 99, 100, 112, 113, 120

T

Terrace Bay Resort 100
Tsau-||Khaeb-(Sperrgebiet)-Nationalpark 116
Tsauchab-Fluss 35, **36**
Tsumeb 39, 67, 68
Tivoli Southern Sky Guest Farm **26**, 27, **113**
Twyfelfontein 78, 83, **90**, 99

U/V/W

Victoriafälle **60/61**, 63, 68
Vingerklip Lodge 99
Walvis Bay 46, 72, 77, 83, 113
Waterberg 18, 67, 73
Waterberg Plateau Park 18, **19**
Welwitschia-Trail 82
Windhoek **8/9**, 19, **20–31**, 37, 45, 47, 48, 49, 55, 67, 73, 77, 82, 89, 96, 113, 117, 118, 120
Wolwedans **42–45**, 48, 79

IMPRESSUM

DuMont Bildatlas Namibia, 7. Auflage 2025
ISBN 978-3-616-01226-1

Redaktion: Elke Schäle-Schmitt
Text: Fabian von Poser
Exklusiv-Fotografie: Tom Schulze
Titelbild: lookphotos/age fotostock
Zusätzliches Bildmaterial: Seite 3 r.: Photo Tom Schulze Leipzig; 3 l., 18 l.: Fabian von Poser; 19 o. l.: DuMont-Bildarchiv/Clemens Emmler; 19 u. l.: Getty Images/Manfred Bail; 19 u. r.: Getty Images/Pete Walentin; 22 u.: Fabian von Poser; 23 r.: laif/hemis.fr/Rene Mattes; 25 u., 29 l.: Fabian von Poser; 39: Gondwana Collection/MKerina Sossusvlei; 50/51: DuMont-Bildarchiv/Clemens Emmler; 65 shutterstock/Robert Harding Video; 69 l., r.: Fabian von Poser; 77: mauritius images/Reinhard Dirscherl; 78 l., 79 o. l., o. r., u., 86 u.l., 100 u., 101: Fabian von Poser; 111: Photo Tom Schulze Leipzig; 112: Fabian von Poser; 113 o. r.: mauritius images/Mint Images; 113 u. l.: laif/hemis.fr/Richard Manin; 113 u. r.: laif/hemis.fr/Rene Mattes; 115 u., 116 u.: Fabian von Poser; 124 l.: mauritius images/Alamy/Wibke Woyke; 124 M.: AWL/Julian Love; 124 r.: mauritius images/Irma van der Wiel; 125 o.: picture alliance/ImageBROKER/Herbert Kratky; 125 u. l.: picture alliance/zb/Tom Schulze
Grafische Konzeption: fpm factor product münchen
Cover-Gestaltung, Layout: CYCLUS · Visuelle Kommunikation, Stuttgart
Kartografie: © KOMPASS-Karten GmbH, A-6020 Innsbruck; MAIRDUMONT, D-73751 Ostfildern; Kartografie Lawall D-72669 Unterensingen (Karten für »Unsere Favoriten«)
Reproduktionen: PPP Pre Print Partner, GmbH & Co. KG, Köln

Lob oder Kritik? Wir freuen uns auf eine Nachricht! Trotz gründlicher Recherche schleichen sich manchmal Fehler ein. Wir bitten um Verständnis, dass der Verlag dafür keine Haftung übernehmen kann.

Redaktion DuMont Reise • MAIRDUMONT • info@dumontreise.de

Printed in Germany

Urlaub erinnern …

Den reichen Sternenhimmel, die aufregende Tierwelt und die immer wieder aufs Neue faszinierende Weite hat man zu Hause noch lange vor Augen. Unvergesslich!

DIE WÜSTE LEBT

Denkt man an Afrika, hat man stets die Bilder der „Big Five“ im Kopf. Die *kleinen* Fünf kennt man erst nach der Namibia-Reise – vorausgesetzt, man hat einen Ausflug in die Wüste gebucht. Die Ferrari-Spinne („Weiße Dame“), der Palmato-Gecko, die Schaufelschnauzeneidechse, die Seitenwinderschlange oder das Namaqua-Chamäleon (Abb. unten) bleiben einem noch lange im Gedächtnis.

WEISHEIT DER SAN

„Ein Jäger, der nur einen Pfeil hat, schießt nicht leichtsinnig aufs Ziel.“ Kaum etwas bringt die Demut von Namibias Bewohnern so auf den Punkt wie dieses Sprichwort der San. Bis heute überleben einige der Ureinwohner des südlichen Afrika unter harten Bedingungen in der Kalahari.

GESCHNITZTES

Namibias Holzschnitzereien von Elefanten, Giraffen, Flusspferden und Co. sind über die Landesgrenzen hinaus bekannt. Das, was an den Straßen im ganzen Land, auf dem Holzschnitzermarkt in Okahandja (Abb.) oder auch im Craft Center in Windhoeks Talstraße angeboten wird, ist die perfekte Erinnerung an Afrika!

GEPARDENJAGD

Ich erinnere mich noch gut an den Tag: Es war ein kühler Augustmorgen im Etosha-Nationalpark. Wir waren früh mit dem Auto vom Fort Namuntoni aus gestartet. Da begegneten wir zwei Geparden-Brüdern. Sie waren auf der Jagd und stellten Springböcken nach, keine hundert Meter von uns entfernt. Die Bilder von den Tierbegegnungen in Namibia sind fast wie im Fernsehen; nur noch viel besser, denn sie sind live!

UNERMESSLICHE WEITE

Namibia erzeugt viele Bilder im Kopf. Eines bleibt für immer: das der Weite. Die kargen Gras- und Wüstenlandschaften betören die Sinne. Oft durchschneidet eine Piste das Gebiet einer Farm. Fünf, zehn, gar zwanzig Kilometer fährt man zwischen zwei Weidezäunen entlang, wohl wissend, dass dies zu einem einzigen Anwesen gehört. Wie oft hat man nicht schon davon geträumt, für immer hier zu bleiben?

»ES IST OFFENSICHTLICH, DASS EINE NEUE NATION NICHT EINFACH ANFÄNGT ZU EXISTIEREN, SOBALD SIE UNABHÄNGIG WIRD.«

Hercules Viljoen, ehem. Direktor der National Art Gallery of Namibia, Windhoek

SOUND DER WÜSTE

Die Beats hämmern, der Bass wummert, eine deutsche Stimme singt: „Hier kommen wieder diese Nam Boys, eure Number One Choice. Einfach die gechilltesten Oukies auf der ganzen Welt. Ja!" Der Wüsten-Rap des deutsch-namibischen Kwaito-Musikers Eric Sell, Künstlername EES, ist der perfekte Soundtrack für lange Autofahrten durch Namibias weite Landschaften – und auch für daheim.

MAKALANI-NÜSSE

Junge Namibier verkaufen sie vor allem im Norden: Die Nüsse der Makalani-Palme werden mühevoll von Hand von den Ovambo gesammelt, geschält und mit kunstvollen Gravuren versehen. Oft steht in Sekundenschnelle der eigene Name drauf. Als Schlüsselanhänger sind sie viel zu schade; wertvoll sind sie als Erinnerung!

EINFACH GALAKTISCH!

Namibia gilt unter Astronomen als eines der besten Ziele weltweit. In der klaren Luft kann man dort Sternbilder wie den Skorpion, Orion, Großen Hund, Großen Bären oder Bärenhüter und natürlich das Kreuz des Südens sehen. In einer wolkenlosen Nacht lassen sich mit bloßem Auge und ohne optische Hilfsmittel bis zu 3000 Sterne erkennen! In Namibia ist die Nacht der Star.

WEIN AUS DER WÜSTE

Es gleicht einem Wunder: Mitten in der Namib liegt eines der trockensten Weingüter der Welt – das Neuras Wine and Wildlife Estate. Gerade mal 80 bis 100 Millimeter Niederschlag werden im Jahr für exzellente Weine aus Trauben der Rebsorten Shiraz und Grenache benötigt.

SPANIEN NORDEN

Guggenheim-Effekt
Ursprünglich reiste man nur wegen des berühmten Museums nach Bilbao – doch die Stadt hat weit mehr zu bieten.

Der kleine Weinriese
Wir präsentieren Ihnen eines der besten Weinanbaugebiete der Welt: La Rioja.

Highlights für Pilger
Was Sie nicht versäumen dürfen – die schönsten Ziele am Jakobsweg.

JAPAN

Tokio
Mehr Großstadtfeeling als in Japans Megacity geht nicht!

Heiße Quellen
Ideal nach einer Stadtbesichtigung: ein paar Stunden im Onsen und man fühlt sich wie neugeboren!

Raus in die Natur!
Mit ein bisschen Zeit kann man in das ländliche Japan eintauchen und die Naturvielfalt des Landes entdecken.

www.dumontreise.de

LIEFERBARE AUSGABEN

DEUTSCHLAND
207 Allgäu
216 Altmühltal
220 Bayerischer Wald
180 Berlin
162 Bodensee
217 Brandenburg
175 Chiemgau, Berchtesg. Land
237 Dresden, Sächsische Schweiz
152 Eifel, Aachen
157 Elbe und Weser, Bremen
168 Franken
020 Frankfurt, Rhein-Main
112 Freiburg, Basel, Colmar
231 Hamburg
026 Hannover zw. Harz und Heide
042 Harz
023 Leipzig, Halle, Magdeburg
210 Lüneburger Heide
188 Mecklenburgische Seen
038 Mecklenburg-Vorpommern
033 Mosel
190 München
047 Münsterland
223 Nordseeküste Schleswig-Holstein
006 Oberbayern
161 Odenwald, Heidelberg
035 Osnabrücker Land
002 Ostfriesland
164 Ostseeküste Mecklenburg-Vorpommern
154 Ostseeküste Schleswig-Holstein
201 Pfalz
040 Rhein zw. Köln und Mainz
185 Rhön
186 Rügen, Usedom, Hiddensee
206 Ruhrgebiet
149 Saarland
182 Sachsen
159 Schwarzwald Norden
045 Schwarzwald Süden
018 Spreewald, Lausitz
008 Stuttgart, Schwäbische Alb
239 Sylt, Amrum, Föhr
204 Teutoburger Wald
170 Thüringen
037 Weserbergland

BENELUX
156 Amsterdam
011 Flandern, Brüssel
179 Niederlande

FRANKREICH
177 Bretagne
021 Côte d'Azur
032 Elsass
228 Frankreich Südwesten Okzitanien
240 Französische Atlantikküste
019 Korsika
213 Normandie
235 Paris
198 Provence

GROSSBRITANNIEN/IRLAND
187 Irland
202 London
189 Schottland
227 Südengland

ITALIEN/MALTA/KROATIEN
181 Apulien, Kalabrien
211 Gardasee
222 Golf von Neapel, Kampanien
163 Istrien, Kvarner Bucht
215 Italien, Norden
233 Kroatische Adria
167 Malta
155 Oberitalienische Seen
158 Piemont, Turin
014 Rom
165 Sardinien
003 Sizilien
203 Südtirol
039 Toskana
232 Venedig, Venetien

GRIECHENLAND/ZYPERN/TÜRKEI
034 Istanbul
016 Kreta
176 Türkische Südküste, Antalya
229 Zypern

MITTEL- UND OSTEUROPA
236 Baltikum
208 Danzig, Ostsee, Masuren
169 Krakau, Breslau, Polen Süden
044 Prag
193 St. Petersburg

ÖSTERREICH/SCHWEIZ
192 Kärnten
004 Salzburger Land
196 Schweiz
226 Tirol
197 Wien

SPANIEN/PORTUGAL
043 Algarve
214 Andalusien
150 Barcelona
025 Gran Canaria, Fuerteventura, Lanzarote
172 Kanarische Inseln
199 Lissabon
209 Madeira
174 Mallorca
225 Porto, Portugal Norden
241 Spanien Norden, Jakobsweg
219 Teneriffa, La Palma, La Gomera, El Hierro

SKANDINAVIEN/NORDEUROPA
166 Dänemark
212 Finnland
153 Hurtigruten
029 Island
200 Norwegen Norden
178 Norwegen Süden
151 Schweden Süden, Stockholm

LÄNDERÜBERGREIFENDE BÄNDE
224 Donau – Von der Quelle bis zur Mündung
112 Freiburg, Basel, Colmar
221 Kreuzfahrt auf der Ostsee

AUSSEREUROPÄISCHE ZIELE
183 Australien Osten, Sydney
109 Australien Süden, Westen
218 Bali, Lombok
195 Costa Rica
234 Dubai, Abu Dhabi, VAE
160 Florida
205 Iran
027 Israel, Palästina
242 Japan
230 Kalifornien
031 Kanada Osten
191 Kanada Westen
171 Kuba
238 Marokko
022 Namibia
194 Neuseeland
041 New York Saudi-Arabien
184 Sri Lanka
048 Südafrika
012 Thailand
046 Vietnam